KB272762

일본어 발음과 함께 한 달 만에 끝내는

천자문

일본어 발음과 함께 한 달 만에 끝내는

천자문

조인형 · 조기형 엮음

이담 Books

≪千字文(천자문)≫은 중국 남북조 시대 梁(양)나라의 周興嗣(주흥사, 470?~521)가 지은 글로, 양무제가 왕희지의 글씨 가운데서 서로 다른 글자 1,000자를 뽑아 주흥사에게 주며 운을 붙여 한 편의 글을 지으라고 하여 만들어졌다는 글이다. 四言古詩(사언고시) 250句(구), 125節(절)로 되어 있는데, 그 내용은 천문, 지리, 인물, 가축, 농사, 제사, 송덕, 자연현상, 제왕의 길, 정치, 관리의 몸가짐, 가정생활과 효 등 광범하며, 크게 말해서 文(문)·史(사)·哲(철)이다.

문은 文學(문학)이고, 사는 歷史(역사)이며, 철은 哲學(철학)이다. 옛날 선비들이 공부하던 공통 과목이 문·사·철이다. 옛날에는 한문 교육이 ≪천자문≫에서 시작하여 四書三經(사서삼경)으로 끝났다. 科擧(과거) 시험을 준비하던 선비들이 초급으로 삼은 것이 ≪千字文(천자문)≫, ≪類合(유합)≫, ≪訓蒙字會(훈몽자회)≫, ≪兒學編(아학편)≫이다. 중급으로 삼은 것이 ≪童蒙先習(동몽선습)≫과 ≪擊蒙要訣(격몽요결)≫이다. 고급단계가 七書(칠서)인 사서삼경이다. 우리의 선조 중에서 한문을 배웠다고 하는 사람으로 이 책을 외우지 않은 사람은 없었을 것이다. 이 책을 통해 중국의 고대 문화와 문·사·철을 조금씩 알고 한문의 文理(문리)도 깨우쳐 보려고 하면서 사대부나 선비의 길로 나아갔을 것이니 이 책이 얼마나 중요한지 짐작할 수 있다.

한자는 韓(한)·中(중)·日(일) 공용문자이다. 우리나라의 상용한자는 약 3,000자 정도라고 한다. 일본에도 일본어 상용한자 1,945자가 있다. 천자문 속의 1,000자는 거의 한·일 상용한자에 속한다. 이 천자문은 본디 천자문도 익히고 일본어 상용한자도 동시에 익히도록 제작되었다. 현재 일본의 國寶(국보) 중에는 왕희지가 썼다는 천자문이 있다. 의문을 제기하면서 반복해서 읽고, 한자와 일본어를 실제로 써 보는 가운데 한자의 실력이 조금씩 쌓여 갈 것이다.

엮은이는 이 책을 남에게 가르치려고 엮었으나 부끄럽고 천한 수준이어서 대강의 뜻이나 옮겼다. 그동안 훌륭하신 선학들의 책을 많이 참고하면서 본인의 해석이나 창작은 극도로 절제했다. 본인보다 먼저 책을 엮으신 선학들의 노고에 머리 숙여 감사드린다.

파주 헤이리 耘耕齋(운경재)에서
조인경, 조기형 謹書

차례

명군(明君)과 명신(名臣)

국가 경영

역사 · 신화 · 지리

농사 · 제사 · 정치

올바른 처신

자연과 철학

일본어 발음

ひらがな(히라가나)

	あ행	か행	さ행	た행	な행	は행	ま행	や행	ら행	わ행	
あ단	あ a	か ka	さ sa	た ta	な na	は ha	ま ma	や ya	ら ra	わ wa	ん n
い단	い i	き ki	し si	ち chi	に ni	ひ hi	み mi		り ri		
う단	う u	く ku	す su	つ tsu	ぬ nu	ふ hu	む mu	ゆ yu	る ru		
え단	え e	け ke	せ se	て te	ね ne	へ he	め me		れ re		
お단	お o	こ ko	そ so	と to	の no	ほ ho	も mo	よ yo	ろ ro	を o	

カタカナ(가다가나)

	ア행	カ행	サ행	タ행	ナ행	ハ행	マ행	ヤ행	ラ행	ワ행	
ア단	ア a	カ ka	サ sa	タ ta	ナ na	ハ ha	マ ma	ヤ ya	ラ ra	ワ wa	ン n
イ단	イ i	キ ki	シ si	チ chi	ニ ni	ヒ hi	ミ mi		リ ri		
ウ단	ウ u	ク ku	ス su	ツ tsu	ヌ nu	フ hu	ム mu	ユ yu	ル ru		
エ단	エ e	ケ ke	セ se	テ te	ネ ne	ヘ he	メ me		レ re		
オ단	オ o	コ ko	ソ so	ト to	ノ no	ホ ho	モ mo	ヨ yo	ロ ro	ヲ o	

한자의 筆順(필순)

① 위에서 아래로 쓴다.　　　　　　　　　　　　예) 三, 言

② 왼쪽에서 오른쪽으로 쓴다.　　　　　　　　　예) 川, 明

③ 좌와 우가 대칭일 때 가운데를 먼저 쓴다.　　예) 水, 小, 亦, 永

④ 가로와 세로획이 겹칠 때에는 가로 획을 먼저 쓴다.　예) 十, 末, 井

⑤ 삐침(丿)과 파임(乀)이 겹칠 때 삐침을 먼저 쓴다.　예) 父, 交, 乂

⑥ 가운데를 꿰뚫는 글자는 가장 나중에 쓴다.　예) 中, 申, 事, 車, 女, 母

⑦ 둘러싼 자는 가장자리부터 쓴다.　　　　　　예) 問, 聞, 同

⑧ 맨 아래 가로획은 맨 나중에 쓴다.　　　　　예) 土, 國, 書

⑨ 책받침(辶, 走, 廴 등)은 나중에 쓴다.　　　예) 超, 趙, 建, 道, 近

⑩ 오른쪽 위에 있는 점은 나중에 쓴다.　　　　예) 犬, 代

천지인(天地人)

1. 천지현황 우주홍황(天地玄黃 宇宙洪荒)

天	地	玄	黃	宇	宙	洪	荒
하늘 천	땅 지	검을 현	누를 황	집 우	집 주	넓을 홍	거칠 황
てん	じ/ち	げん	こう	う	ちゅう	こう	こう

☞ 천지는 현황이고 우주는 홍황이라.
☞ 하늘은 가물가물하고 땅은 누르며, 우주는 넓고도 거칠다.

字義(자의)

天 하늘 천, 조물주 천, 임금 천, 천자 천.
地 땅 지, 뭍 지, 아래 지, 나라 지, 곳 지, 처지 지, 지위 지.
玄 가물 현, 검을 현, 검붉을 현, 아득할 현, 현묘할 현, 깊을 현, 현손 현.
黃 누를 황, 늙은이 황, 黃帝(황제) 황, 황발 황.
宇 집 우, 하늘 우, 성품 우.
宙 집 주, 하늘 주, 때 주, 동량 주.
洪 넓을 홍, 클 홍, 큰물 홍, 성 홍.
荒 거칠 황, 폐할 황. 클 황, 흉년들 황, 버릴 황.

句解(구해)

天地(천지): 하늘과 땅. 높은 하늘과 큰 땅덩어리.
玄黃(현황): 검붉고 누렇다. 玄(현)은 玄妙(현묘)하고 玄玄(현현)한 하늘의 본바탕이다. 黃(황)은 땅이 누르다는 말이다. 오방색인 靑(청), 赤(적), 黃(황), 白(백), 黑(흑) 중 중심 색이 곧 黃(황)이며 중국을 상징하는 색이기도 하다.
天地玄黃(천지현황): 《易經역경》 坤卦(곤괘)에 「하늘은 검고 땅은 누르다 天玄而地黃 천현이지황」 이라는 말이 나온다.
宇宙洪荒(우주홍황): 우주는 넓고 거칠다. 洪(홍)은 《莊子장자》 에 나오는 표현으로 말하면 시작도 없고 끝도 없다는 말이다. 황은 거칠다는 말로 곧 거칠고 무성하고 정돈된 바가 없다는 표현이다.

解說(해설)

　천지를 橫的(횡적)으로 말하면 상하 사방인 宇(우)가 되고, 縱的(종적)으로 말하면 往古來今(왕고내금)인 宙(주)가 되는데 넓고 넓어서 끝이 없다. 첫 절이 참으로 장중하고 심원한 뜻을 담고 있으니 천하의 명언이라고 할 수 있겠다.

天 地 玄 黃 宇 宙 洪 荒

2. 일월영측 진수열장(日月盈昃 辰宿列張)

日	月	盈	昃	辰	宿	列	張
날 일	달 월	찰 영	기울 측	별 진	별자리 수	벌릴 렬	베풀 장
じつ にち	がつ げつ	えい	しょく そく	しん	しゅう しゅく	れつ れっ	ちょう

☞일월은 영측하고 진수는 열장이라.
☞해는 기울고 달은 차며 별은 자리에 따라 하늘에 펼쳐 있도다.

字義(자의)

日　날 일. 해 일. 하루 일. 날짜 일. 날 점칠 일.
月　달 월. 한 달 월. 세월 월.
盈　찰 영. 가득할 영. 넘칠 영. 남을 영.
昃　기울 측. 해 기울어질 측. 하오 측.
辰　별 진(신). 때 진. 북두성 진. 진시 진. 날 신. 12지의 총칭.
宿　별자리 수(숙). 떼별 수. 잘 숙. 지킬 숙. 머무를 숙. 본디 숙. 클 숙.
列　벌릴 렬. 항렬 렬. 반열 렬. 펼 렬. 베풀 렬. 항오 렬.
張　베풀 장. 벌일 장. 자랑할 장. 그칠 장. 장막 장.

句解(구해)

盈昃(영측): '盈(영)'은 달이 충만한 것을 뜻하고, '昃(측)'은 해가 서쪽으로 기울어진다는 뜻이다.
日月盈昃(일월영측): ≪易經(역경)≫ 豐卦(풍괘)에 나오는 "해는 중천에 뜨면 기울고, 달은 차면 이지러진다(日中則昃 月盈則虧 일중즉측 월영즉휴)."를 다시 풀어 쓴 것이다.
辰宿(진수): 별자리를 뜻한다. 星座(성좌)라고 보면 된다.
列張(열장): 각기 제 자리에 자리 잡고 하늘에 늘어섰다는 뜻이다.
辰宿列張(진수열장): 별자리가 각기 제 자리에 자리 잡고 하늘에 늘어섰다. 黃道(황도)를 둘러싼 붙박이 떼 별 28개를 28수라고 하고 이 28수가 黃道(황도)를 한 바퀴 도는 길을 12로 나누어 12진이라고 부른다. 황도는 태양이 1년간 움직이는 길이다. 28수는 곧 은하열수이다. 은하수 옆에는 많은 별들이 벌여 서 있다.

解說(해설)

　해와 달은 차고 기울며 별은 각각 제자리에 위치하여 하늘에 널려 있다. 그리하여 이리저리 왔다 갔다 하는 모양이 쇠고리와 같아 끝이 없다. 해와 달이 기울고 솟아오르고 이지러지고 차고 움직이는 진리는 삶의 궤적과도 유사하다.

日　月　盈　昃　辰　宿　列　張

3. 한래서왕 추수동장(寒來暑往 秋收冬藏)

寒	來	暑	往	秋	收	冬	藏
찰 한	올 래	더위 서	갈 왕	가을 추	거둘 수	겨울 동	감출 장
かん	らい	しょ	おう	しゅう じゅう	しゅう	とう	ぞう

☞한래서왕하니 추수동장이라.
☞추위가 오면 더위는 가니, 가을에는 거두어들이고 겨울에는 저장한다.

字義(자의)

寒 찰 한. 추울 한. 궁할 한. 쓸쓸할 한. 가난할 한. 겨울 한.
來 올 래. 미래 래. 돌아올 래. 부를 래. 부터 래.
暑 더위 서. 더울 서. 여름철 서.
往 갈 왕. 옛 왕. 이따금 왕. 향할 왕.
秋 가을 추. 세월 추. 때 추. 성 추.
收 거둘 수. 모을 수. 잡을 수. 쉴 수. 거둘 수. 정돈할 수. 추수할 수.
冬 겨울 동. 겨울지낼 동.
藏 감출 장. 숨을 장. 곳집 장.

句解(구해)

寒來(한래): 추위가 물러간다.
暑往(서왕): 더위가 온다.
寒來暑往(한래서왕): ≪易經(역경)≫ 繫辭(계사) 下(하)에 "추위가 가면 더위가 오고, 더위가 가면 추위가 오니 寒往則暑來 暑往則寒來(한왕즉서래 서왕즉한래), 가는 것은 굽히는 것이고 오는 것은 펴는 것이다."라고 나와 있다.
秋收(추수): 가을에는 곡식을 거둔다.
冬藏(동장): 겨울에는 곡식을 저장한다. 겨울에는 숨는다.

解說(해설)

　가을에는 곡식을 거두어들이고 겨울에는 그것을 저장한다는 말은 돌고 도는 사계절을 말한다. 만물은 봄에 나고 여름에 자라며 가을이 되면 익어 거두게 되고 겨울에는 추워서 말라붙으면 닫아 감춘다. 곧 사계절의 순환이다. 한래서왕은 1년에 한 번씩 일어나는 일이니 일 년의 계절이고, 추수동장은 천지 精氣(정기)의 작용으로 五穀(오곡)이 자라고 익으면 곡식을 收穫(수확)하고 貯藏(저장)한다는 말이다.

寒　來　暑　往　秋　收　冬　藏

4. 윤여성세 율려조양(閏餘成歲 律呂調陽)

閏	餘	成	歲	律	呂	調	陽
윤달 윤	남을 여	이룰 성	해 세	가락 률	풍류 려	고를 조	볕 양
じゅん	よ	じょう せい	さい せい ぜい	りち りつ	りょ ろ	ちょう	よう

☞윤여로 성세하고 율려로 조양하니라.

☞윤달로 해를 정하고 또 사시에는 각각 그 계절에 상응하는 음률로써 음양을 조화롭게 한다.

字義(자의)

閏 윤달 윤. 윤택할 윤. 이득 윤.
餘 남을 여. 나머지 여. 끝 여.
成 이룰 성. 평할 성. 거듭 성. 마칠 성. 될 성. 화목할 성.
歲 해 세. 목성 세. 일 년 세. 새해 세. 풍년 세. 나이 세. 절후 세. 세월 세.
律 법률. 가락 률. 계율 률. 풍류 률. 지을 률. 저울질할 률.
呂 법 려. 풍류 려. 등뼈 려. 척골 려. 종 이름 려. 칼 이름 려. 성 려.
調 고를 조. 길들일 조. 부드러울 조. 맞을 조. 운치 조. 곡조 조. 가락 조.
陽 볕 양. 해 양. 밝을 양. 환할 양. 양기 양. 봄 양. 양지쪽 양. 양기 양. 시월 양. 북쪽 양. 漢陽(한양)은 한강의 북쪽이라는 말이다.

句解(구해)

閏餘(윤여): 曆法(역법)에 보면 음력으로는 1년에 10일 남아돈다. 따라서 3년이면 한 달이 남는 셈이다. 이에 중국 고대의 堯(요) 임금은 윤달을 두어 해를 정하였다. 곧 윤여는 윤달인 것이다.
成歲(성세): 해를 정한다는 뜻이다.
閏餘成歲(윤여성세): ≪書經(서경)≫에 "1년은 366일이다. 여기에 윤달이 있어 四時(사시)를 정하고 해를 이룬다(朞三百有六旬有六日以閏月定四時成歲 기삼백유육순유육일 이윤월정사시성세)."를 다시 풀어 쓴 말이다.
律呂(율려): 음률을 고르게 한다는 말이다. 육률과 육려를 합쳐서 율려라고 하기도 한다.
調陽(조양): 이 말은 調陰陽(조음양)이므로 음양을 조절한다는 뜻이다. 調陰陽(조음양)을 調陽(조양)으로 줄여 썼다.
律呂調陽(율려조양): 율려, 곧 네 철에 맞는 가락으로 음양의 기운을 어우러지게 함으로써 사람과 자연 사이를 어우러지게 만든다는 뜻이다.

解說(해설)

윤달이 남아 1년을 완성하고, 율과 여로 음양을 조절한다. 1년은 12개월에 24절기이니 절기는 꽉 차고 月朔(월삭)은 부족하여

2개월이 모이면 29일이 남는다. 이것을 가지고 윤달을 두어 사시를 정하고 1년을 이룬다. **先王**(선왕)이 음악에서 율려를 정하였다. 본 절에서는 해를 정하고 사시를 나누고 달을 나누는 *曆法*(역법)이 나왔고, 음률을 고르게 하고 음양을 어우러지게 하는 것으로 자연이 순환됨을 나타내었다.

5. 운등치우 노결위상(雲騰致雨 露結爲霜)

雲	騰	致	雨	露	結	爲	霜
구름 운	오를 등	이를 치	비 우	이슬 로	맺을 결	될 위	서리 상
うん	とう	ち	う	ろ ろう	けち けつ	い	そう

☞운등하야 치우하고 노결하야 위상하니라.
☞구름이 올라 비가 되고, 이슬이 엉키어 서리가 된다.

字義(자의)

雲 구름 운. 은하수 운. 하늘 운.
騰 오를 등. 탈 등. 달릴 등. 뛰놀 등. 날칠 등.
致 이를 치. 연구할 치. 일으킬 치. 극진할 치. 풍치 치. 드릴 치. 보낼 치.
雨 비 우. 비올 우.
露 이슬 로. 이슬줄 로. 드러날 로. 드러낼 로.
結 맺을 결. 마칠 결. 나중 결. 뭇 결.
爲 할 위. 다스릴 위. 하여금 위. 어조사 위. 만들 위. 이룰 위. 지을 위. 행할 위.
霜 서리 상. 지나온 세월 상. 흰 털 상. 엄할 상.

句解(구해)

雲騰(운등): 구름이 하늘 높은 곳으로 올라간다.
致雨(치우): 비로 변한다, 비를 이룬다.
雲騰致雨(운등치우): 구름이 올라가서 비를 이룬다는 말이다. ≪易經(역경)≫ 建豸傳(건시전)에 이르기를 "구름이 움직이고 비가 내려야 물건들이 됨됨이를 이룬다(行雲雨施 品物流形 행운우시 품물류형)."하였으니, 음양의 두 기운이 작용하는 것을 말한다.
露結(로결): 이슬이 맺힌다.
爲霜(위상): 서리가 된다.
露結爲霜(노결위상): 이슬이 엉기어 서리가 된다.

解說(해설)

  본 절은 陰陽(음양) 二氣(이기)의 작용을 극히 일부분으로 보여 주는 말이다. 산과 못에서 구름이 나오고 이 구름이 엉겨서 비가 되니 이는 구름과 비가 서로 따라다님을 말한다. 또 밤공기가 이슬이 되고, 이 이슬이 맺어지고 차가워지면 서리가 되니, 이는 서리와 이슬이 서로 바뀜을 말한다. 비가 내려 풀과 나무에 물이 오르고 자라며, 서리가 내려 초목이 마른다. 이 절에서 우리는 자연현상의 기묘한 변화를 볼 수 있다.

천지현황에서 노결위상까지는 하늘에 관한 것을 풀어 이야기하고 있다.

6. 금생려수 옥출곤강(金生麗水 玉出崑岡)

金	生	麗	水	玉	出	崑	岡
쇠 금	날 생	고울 려	물 수	구슬 옥	날 출	뫼 곤	뫼 강
きん こん	しょう せい	れい	すい ずい	ぎょく ぎょっ	しゅつ	こん	こう

☞금은 생여수하고 옥은 출곤강하니라.
☞금은 여수에서 나고, 구슬은 崑崙山(곤륜산)에서 나온다.

字義(자의)

金 쇠 금. 병장기 금. 금 금. 돈 금. 귀할 금. 오행 금. 금나라 금. 성 김.
生 날 생. 낳을 생. 익지 않을 생. 날것 생. 목숨 생. 저절로 생. 나 생. 백성 생. 선생 생.
麗 고울 려. 빛날 려. 여기서는 물 이름으로 썼음.
水 물 수. 강 수. 홍수 수. 물길을 수. 국물 수. 고를 수. 수성 수.
玉 구슬 옥. 옥 옥. 사랑할 옥.
出 날 출. 뛰어날 출. 밖에 나갈 출. 토할 출. 보일 출. 낳을 출. 도망할 출.
崑 뫼 곤. 곤륜산 곤. 여기서 곤강은 곤륜산의 異名(이명)임.
岡 뫼 강. 언덕 강. 묏등 강. 산등성이 강.

句解(구해)

金(금): 沙金(사금), 黃金(황금)을 뜻한다.
麗水(여수): 중국의 지명이다.
玉(옥): 寶玉(보옥)을 뜻한다.
崑岡(곤강): 곤륜산의 異名(이명)임. 중국 곤륜의 산등성이를 뜻한다.

解說(해설)

　黃金(황금)은 여수 하천의 모래 속에서 나고, 옥은 곤륜의 산등성이에서 난다. 사금이 나는 여수의 위치에는 구구한 설이 있다. ≪韓非子(한비자)≫에서는 "형남의 땅 여수에서 금이 나는데 사람들이 자주 몰래 캐어 간다."라 했다. 또 雲南省(운남성) 麗江(여강) 納西族(납서족) 자치현으로 흘러 들어오는 북녘 金沙江(금사강)을 드는 사람도 있다. 崑岡(곤강)에 대해서도 여수와 같이 그 설은 두 갈래인데, 일설에는 江蘇省(강소성) 江都縣(강도현) 서북녘에 있는 崑山(곤산)을 말한다고 한다. 곤산은 곤륜산이라고도 부른다.
전문까지는 天道(천도)에 대해서 말했고 여기서부터는 地道(지도)에 대해 언급한 것이다.

金　地　麗　水　玉　出　崑　岡

7. 검호거궐 주칭야광(劒號巨闕 珠稱夜光)

劒	號	巨	闕	珠	稱	夜	光
칼 검	부를 호	클 거	대궐 궐	구슬 주	일컬을 칭	밤 야	빛 광
けん	ごう	きょ	けつ	しゅ	しょう	や	こう

☞검에는 호 거궐하고 주에는 칭 야광하니라.
☞칼 가운데는 '거궐'을 입에 올려 부르고, 구슬 가운데는 '야광'이라 일컫는 것이 있다.

字義(자의)

劒 칼 검. 칼로 찔러 죽일 검. 칼 쓰는 법 검. 劍(검)과 같은 말.
號 부를 호. 이름 호. 부르짖을 호. 엉엉 울 호. 오호 할 호. 호령할 호.
巨 클 거. 많을 거. 여기서는 거궐이라는 이름난 칼의 이름으로 쓴 것임.
闕 대궐 궐. 뚫을 궐. 궐할 궐. 허물 궐. 빌 궐.
珠 구슬 주. 진주 주. 눈동자 주.
稱 일컬을 칭. 저울질할 칭. 벌 칭. 날릴 칭. 이름 할 칭. 저울 칭. 추어올릴 칭.
夜 밤 야. 해질 야. 어두울 야. 풀이름 야. 쉴 야. 여기서는 夜光珠(야광주)이다.
光 빛 광. 빛날 광. 색 광. 문물 아름다울 광. 영광 광. 비칠 광. 위엄 광.

句解(구해)

巨闕(거궐): 名劍(명검)의 이름이다.
夜光(야광): 야광주이니 밤에도 빛이 나서 다른 물건을 비추어 볼 수 있는 구슬이다.

解說(해설)

　　地上(지상)에는 巨闕(거궐)이라고 이름 하는 名劍(명검)이 있고, 海中(해중)에는 夜光(야광)이라 일컫는 구슬이 있다는 말이다. 거궐은 吳(오)나라 歐冶子(구야자)가 만든 것으로, 句踐(구천)이 오나라를 멸망시키고 얻은 여섯 자루 보검인 가운데 하나라고 한다. 춘추시대 隨(수)나라 임금이 용의 아들을 살려 주자 용은 지름이 한 치가 넘는 진주를 주어 그 은혜에 보답하니 진주가 빛나 밤에도 대낮과 같이 환했다고 하니 그것이 야광주이다.
이 절에서는 전절의 金玉(금옥)과 竝稱(병칭)되는 劒珠(검주)를 일컬었다. 원래 검은 금속이므로 금과 대조를 이루고, 옥과 주 역시 같은 종류이므로 대조를 이룬다. 전후 두 구에 같은 종류를 배치하여 교묘한 對(대)를 이루는 구성은 詩(시)를 지을 때 흔한 일이다.

劍　號　巨　闕　珠　稱　夜　光

8. 과진리내 채중개강(果珍李柰 菜重芥薑)

果	珍	李	柰	菜	重	芥	薑
실과 과	보배 진	오얏 리	능금 내	나물 채	무거울 중	겨자 개	생강 강
か が	ちん	り	だい	さい ざい	じゅう ちょう	かい	きょう

☞과에는 진이내하고 채에는 중개강하니라.
☞實果(실과) 가운데에서는 오얏과 능금을 보배롭게 여기고, 채소 가운데는 겨자와 생강이 종요로우니라.

字義(자의)

果 실과 과. 열매 과. 감히 할 과. 과연 과. 날랠 과. 해낼 과. 결단할 과. 맺힐 과.
珍 보배 진. 서옥 진. 귀중할 진. 맛좋을 진. 희귀할 진.
李 오얏 리. 선비 천거할 리. 역말 리. 행장 리. 보따리 리.
柰 벗 내. 사과 내. 능금 내. 어찌 내. 那(나)와 같은 글자.
菜 나물 채. 채마밭 채. 반찬 채. 안주 채.
重 무거울 중. 무겁게 여길 중. 거듭 중. 삼갈 중. 두터울 중. 두 번 중. 높일 중.
芥 겨자 개. 갓 개. 지푸라기 개. 티끌 개.
薑 생강 강.

句解(구해)

李柰(리내): 오얏과 능금을 뜻한다. 오얏은 자두이고 능금은 사과 중에서 작은 사과를 뜻한다. 본디 능금이 아니고 벗이다. 벗 열매로 마른 脯(포)를 만들 수 있다고 한다.
芥薑(개강): 겨자와 생강.

解說(해설)

　오얏은 우리나라 표준어 규정에서 자두라는 말로 바뀠다. '柰(내)' 자는 버찌로 풀이하지만 ≪本草綱目(본초강목)≫에서는 능금으로 풀이한다.
과일 중에서는 자두와 능금이 그 대표이고, 채소 중에서는 겨자와 생강을 소중히 여긴다. 식물 중에 어느 것 하나 소중하지 않음이 없지만 그중에서도 과일로는 오얏과 능금(벗)나무 열매를 으뜸으로 치고, 채소 중에는 겨자와 생강이 귀중하다는 말이다. 孔子(공자)가 즐겨 먹던 것이 바로 생강이다. 그러한 연유로 이러한 말이 나왔을지도 모른다. 이 절에서는 땅에서 생산되는 것 중의 別味(별미)를 든 것이다.

9. 해함하담 린잠우상(海鹹河淡 鱗潛羽翔)

海	鹹	河	淡	鱗	潛	羽	翔
바다 해	짤 함	물 하	맑을 담	비늘 린	잠길 잠	깃 우	날 상
かい	かん	か/が	たん	りん	せん	う	しょう

☞해는 함하고 하는 담하며, 인은 잠하고, 우는 상하니라.
☞바닷물은 짜고 민물은 심심하며, 비늘달린 물고기는 물속으로 잠기고 깃털 달린 새들은 날아다닌다.

字義(자의)

海 바다 해. 바닷물 해. 세계 해. 많을 해. 넓을 해.
鹹 짤 함. 소금기 함. 鹹(함)은 鹹(함)의 俗字(속자).
河 물 하. 강물 하. 내 하. 황하수 하. 은하수 하. 운하 하. 복통 하.
淡 맑을 담. 싱거울 담. 심심할 담. 물 질 뻔할 담. 묽을 담.
鱗 비늘 린. 물고기 린.
潛 잠길 잠. 자맥질할 잠. 감출 잠. 깊을 잠.
羽 깃 우. 날개 우. 펼 우. 모을 우.
翔 날 상. 빙빙 돌아 날 상. 엄숙할 상. 삼갈 상.

句解(구해)

☞바닷물은 짜고 냇물은 싱거우며, 비늘 있는 어족은 물속에 잠기고 날개 있는 조류는 공중에 날아다닌다.
본 절에서는 海水(해수)와 淡水(담수)의 水性(수성)을 논하고 수중동물의 특징과 하늘을 나는 조류에 대해 말했다. '鳶飛魚躍(연비어약)'을 나타내는 절이라고 할 수도 있겠다.
금생여수로부터 여기까지는 地道(지도)를 나타낸 것들이다.

解說(해설)

鳶飛魚躍(연비어약): 솔개 연, 날 비, 고기 어, 뛸 약. 솔개가 하늘을 나는 것이나 물고기가 못에서 뛰는 것이나 다 자연 법칙의 작용으로, 새나 물고기가 스스로 터득한다. 道理(도리)는 천지 간 어디에나 있다는 말. 魚躍鳶飛(어약연비) 君子(군자)의 德化(덕화)가 널리 미친 상태.

10. 용사화제 조관인황(龍師火帝 鳥官人皇)

龍	師	火	帝	鳥	官	人	皇
용 룡	스승 사	불 화	임금 제	새 조	벼슬 관	사람 인	임금 황
りゅう りょう	し/じ	か	てい	ちょう	かん がん	じん にん	こう おう

☞용사화제와 조관인황이라.

☞복희씨는 용으로 벼슬 이름을 하였고, 신농씨는 불로 하였으며, 소호씨는 새 이름으로 하였고, 황제는 사람의 文化(문화)를 열었다.

字義(자의)

龍 용 룡. 귀신이름 룡. 별 이름 룡. 임금님 룡. 여기서는 龍師(용사)라고 써서 伏羲氏(복희씨)를 말한 것임.
師 스승 사. 선생님 사. 본받을 사. 어른 사. 군사 사. 사단 사(周代주대의 군제에서 2,500명을 일컫는데 사단이라고 한다).
火 불 화. 사를 화. 등불 화. 불날 화. 빛날 화. 여기서는 火帝(화제)라고 써서 神農氏(신농씨)를 말한 것임.
帝 임금 제. 제왕 제. 하느님 제.
鳥 새 조. 꽁지가 짧은 새는 雛(추). 긴 것은 鳥(조). 여기서는 鳥官(조관)이라 하여 少昊氏(소호씨)를 말한 것임.
官 벼슬 관. 관가 관. 마을 관. 기능 관. 부릴 관. 공변될 관. 일 관. 맡을 관.
人 사람 인. 나라사람 인. 남 인. 성질 인. 사람됨 인. 여기서는 人皇(인황)이라 하여 人皇氏(인황씨)를 말한 것임.
皇 임금 황. 클 황. 춤 황. 바를 황. 비롯할 황. 아름다울 황.

句解(구해)

龍師(용사): 중국의 고대 제왕인 伏羲氏(복희씨)이다. 伏羲氏(복희씨)의 우두머리이며, 八卦(팔괘)를 처음으로 만들고 그물을 발명하여 고기 잡는 법을 가르쳤다고 한다. 복희의 시대에 용이 나타나 吉兆(길조)가 보였으므로 복희씨는 용으로써 벼슬 이름을 삼았다. 그러므로 용사라고 부르게 되었다. 복희씨 시대에 蒼龍氏(창룡씨)는 만물을 자라게 하는 일을 맡았고, 白龍氏(백룡씨)는 만물을 죽이는 일을 맡았다고 한다.

火帝(화제): 중국의 고대 제왕인 神農氏(신농씨)이다. 삼황의 한 사람으로 농업·의료·樂師(악사)의 신, 鑄造(주조)와 釀造(양조)의 신이며, 또 易(역)의 신, 상업의 신이라고도 한다. 보통 炎帝(염제)라고 부르는데 불로 인해 상서로운 일이 있었으므로 불로써 벼슬 이름을 삼았다.

鳥官(조관): 중국의 고대 제왕인 少昊氏(소호씨)이다. 삼황의 한 사람으로, 즉위할 때 鳳鳥(봉조)가 나타났다 하여 새 이름으로 관직명을 지었다 한다. 봉황은 서조이므로 상서롭게 여기고 새 이름으로써 관명을 삼았다는 것이다. 鳥師(조사)라고도 부른다.

人皇(인황): 黃帝(황제)이다. 중국인의 직속 조상이라고 일컬어지는 전설 속 제왕으로, '삼황신화'에서 벗어나 지적 능력의 합리성에 기초한 '人文(인문)'을 내세웠다는 뜻에서 '人皇(인황)'으로 부른다. ≪소녀경≫에 나오는 황제가 바로 이 軒轅氏(헌원씨)라고 한다.

東夷族(동이족) 우두머리라고 알려진 蚩尤(치우)와 中原(중원) 大陸(대륙)을 놓고 爭覇(쟁패)했다는 인물이다.

解說(해설)

고대 중국의 제왕에는 용사가 있었고, 또 화재, 조관, 인황이 있었다. 옛날 옛적 제왕들을 三皇五帝(삼황오제)라 한다. '삼황'은 중국 고대 전설에 나오는 세 임금을 말하고, '오제'는 고대 중국의 다섯 聖君(성군)을 말함. 역세 인군의 정치 요결인 관제의 제정을 밝힌 글로서, 天文(천문), 地理(지리)에 이어 人事(인사), 즉 인간의 文化(문화)에 언급한 것이다.

龍	師	火	帝	鳥	官	人	皇

11. 시제문자 내복의상(始制文字 乃服衣裳)

始	制	文	字	乃	服	衣	裳
비로소 시	지을 제	글월 문	글자 자	이에 내	입을 복	옷 의	치마 상
し	せい	ぶん もん	じ	だい ない	ふく	い/え	しょう

☞시제문자하고 내복의상하니라.
☞비로소 글자를 만들었고, 처음으로 윗옷과 아래옷을 입었다.

字義(자의)

始 비로소 시. 처음 시. 시작할 시. 바야흐로 시.
制 지을 제. 마를 제. 절제할 제. 어거할 제. 단속할 제. 금할 제. 맡을 제. 법도 제. 직분 제. 모양 제.
文 글월 문. 글 문. 글자 문. 문채 문. 어귀 문. 빛날 문. 아롱질 문. 꾸밀 문. 아름다울 문. 채색 문.
字 글자 자. 자 자.
乃 이에 내. 곧 내. 어조사 내. 겨우 내. 그 내.
服 입을 복. 옷 복. 수레첫째멍에 복. 직분 복. 다스릴 복. 익힐 복. 행할 복. 좇을 복. 일 복.
衣 옷 의. 입을 의. 윗옷 의.
裳 치마 상. 성할 상. 아래옷 상.

句解(구해)

始制文字(시제문자): 비로소 문자를 만들다. 상고시대 복희씨가 처음으로 글자를 만들었고, 그 신하 蒼頡(창힐)이 새의 발자국을 보고 글자를 창제하니 이것이 문자의 시초이다.
乃(내): 처음으로. '始制文字(시제문자)'와 짝을 이루고 있으므로 '始(시)'와 같은 뜻으로 본다.
乃服衣裳(내복의상): 처음으로 衣(의)와 裳(상)을 입었다. ≪說文解字(설문해자)≫에 "옷이란 그것에 기대어 몸을 가리게 하는 것이니, 윗옷이 옷이요, 아래옷이 치마이다." 하였다. 지금의 衣裳(의상)이라는 말이 곧 윗옷과 치마이다. 黃帝(황제)가 의상을 만들어 보기에 엄숙하게 하고 신분의 등급을 구별하였다고 한다.

解說(해설)

복희씨가 書契(서계)를 만들어 結繩文字(결승문자)를 대신하였으며, 그 신하인 蒼頡(창힐)이 새 발자국을 보고 글자를 만들었다고 한다. 황제는 衣制(의제)를 만들어 착용하도록 하였다. 중국에서는 상고시대에 이미 글자를 만들었던 것이다.

始 制 文 字 乃 服 衣 裳

12. 퇴위양국 유우도당(推位讓國 有虞陶唐)

推	位	讓	國	有	虞	陶	唐
옮길 추	자리 위	사양 양	나라 국	있을 유	나라 이름 우	질그릇 도	땅 이름 당
すい	い	じょう	こく	ゆう	ぐ	とう	とう

☞퇴위양국은 유우도당이니라.
☞자리를 물려주어 나라를 넘겨준 것은, 요임금과 순임금이다.

字義(자의)

推 밀 퇴. 옮을 추. 옮길 추. 가릴 추. 기릴 추. 궁구할 추.
位 자리 위. 벼슬 위. 위치 위. 방위 위.
讓 사양 양. 꾸짖을 양. 겸손할 양. 넘겨줄 양.
國 나라 국. 고향 국.
有 있을 유. 얻을 유. 취할 유. 과연 유. 가질 유. 친할 유. 또 유.
虞 나라 이름 우. 순임금 우. 근심할 우. 잘못할 우. 그릇할 우. 편안할 우. 여기서 우는 舜(순)을 가리킨 것임.
陶 질그릇 도. 통할 도. 불쌍히 생각할 도. 화할 도. 성 도. 땅이름 도. 달릴 도. 화락할 요. 순임금 신하 요. 여기서는 陶唐(도당)이라
　써서 堯(요)를 가리킨 것임.
唐 당나라 당. 황당할 당. 빌 당.

句解(구해)

推位(퇴위): 지위를 다른 사람에게 자발적으로 물려준다, 제위를 타인에게 넘겨준다는 뜻이다. '추위'라고 읽기도 한다.
讓國(양국): 나라를 禪讓(선양)한다는 뜻이다. 선양이란 하늘에 제사 지내고 나라를 다른 이에게 자발적으로 양도한다는 뜻이다.
有虞(유우): 여기서 有(유)는 특별한 의미가 없다. 어조사이다. 舜(순) 임금이 다스리던 옛 중국 마을 이름이라고 하는데, 순은 이 우를
자기의 성으로 삼았고, 천자가 된 뒤에는 나라 이름으로 삼았다. 따라서 有虞(유우)는 순임금을 지칭한다.
陶唐(도당): 堯(요)임금의 칭호가 도당이다. 요임금은 처음에 陶(도)라는 곳에서 살다가 唐(당)이라는 땅으로 옮겼으므로 이 두 땅을 합쳐
서 '陶唐(도당)'이라고 부른다. ≪說文解字(설문해자)≫에 보면 "堯(요)란 지극히 높다는 말이고, 舜(순)이란 지극히 크다."는 말이다.

解說(해설)

　草野(초야)에 현인이 있어 이를 발탁하여 국위를 선양한 임금이 있었으니 바로 요와 순이다. 天子(천자) 자리를 자식에게 물려주지
않고 道德(도덕)이 높은 聖人(성인)에게 넘겨주었다.

원래가 요는 순의 前代(전대)이므로 '도당유우'라 할 것이나, 운자를 맞추기 위해 顚倒(전도)하여 배치한 것이다.

요임금과 순임금이 자기 자손을 물리치고 남에게 나라를 완전히 양도한 일은 참으로 가치 있는 일이었다. 마치 요즘의 정치형태를 보는 듯하다. 요임금의 아들 丹朱(단주)나 순임금의 아들 商均(상균)은 어리석고 못나서 임금 자리를 남에게 讓位(양위)했으니, 요와 순 두 분은 聖帝(성제)였다고 한다.

13. 조민벌죄 주발은탕(弔民伐罪 周發殷湯)

弔	民	伐	罪	周	發	殷	湯
조상할 조	백성 민	칠 벌	허물 죄	두루 주	필 발	성할 은	끓을 탕
ちょう	みん	ばつ	ざい	しゅう	はつ ほっ	いん	とう

☞조민벌죄는 주발은탕이니라
☞백성들을 어루만지고 죄지은 사람을 친 것은, 주나라 무왕 발과 은나라 탕왕이다.

字義(자의)

弔 조상할 조. 위문할 조. 불쌍히 여길 조. 이를 적. 여기서는 곤란하게 지내는 사람을 불쌍히 여겨 위로한다는 뜻으로 썼음.
民 백성 민. 여기서는 아무것도 모르는 衆民(중민)을 말한 것임.
伐 칠 벌. 벨 벌. 공 벌. 자랑할 벌. 여기서는 북을 치면서 죄 있는 자를 정벌한다는 뜻임.
罪 허물 죄. 죄줄 죄. 고기그물 죄.
周 두루 주. 두를 주. 주밀할 주. 주나라 주.
發 꽃필 발. 이어 날 발. 일으킬 발. 드날릴 발. 열 발. 밝힐 발. 떠날 발. 활 쏠 발. 빠를 발. 여기서는 周(주)나라 武王(무왕) 이름임.
殷 성할 은. 무리 은. 클 은. 은나라 은.
湯 끓을 탕. 물 끓일 탕. 물 이름 탕. 물 세차게 흐를 탕. 여기서는 殷(은)나라 湯王(탕왕)을 가리킴. 탕왕은 하나라를 멸하고 은나라를 세웠음.

句解(구해)

弔民(조민): 백성들을 위로한다. 백성을 구제하고 위로하는 것이 弔(조)이다.
伐罪(벌죄): 허물을 친다. 죄를 밝혀 討伐(토벌)하는 것이 伐(벌)이다.
周發(주발): 周(주)나라 發(발)이다. 발의 姓(성)은 姬(희)이며 훗날의 武王(무왕)이다. 주나라 創業主(창업주)이다. 주나라는 은나라를 멸망시키고 창건하였으며 38대 874년 지속되었고 秦(진)나라에 의해 망했다.
殷湯(은탕): 은나라 탕왕. 성은 子(자)요 이름은 履(이)이다. 夏(하)나라 桀王(걸왕)을 쳐서 멸망시키고 商(상)나라를 세웠다. 상은 하남성의 殷(은)으로 도읍을 옮긴 후에 은나라로 개칭하였다. 지금은 보통 상나라라고 부른다. 夏(하)나라는 바로 순임금이 禹(우)에게 물려준 나라이고 창업주는 禹(우)이다. 우임금 뒤의 桀(걸)이 道(도)가 없었으므로 이 하나라를 멸망시킨 것이 은나라 탕왕이다. 탕임금 뒤에 紂(주)가 도가 없으므로 무왕이 정벌하고 주나라를 세웠다.

解說(해설)

  이 구절은 夏殷周(하은주) 삼대 시절 역사를 말하는 것으로, 하의 걸왕과 은의 주왕이 잔혹하게 백성을 학대하므로 발이 이를 토벌

하고 주나라를 세웠다는 기록에 토대를 둔 말이다. 역성혁명의 명분이 바로 '조민벌죄'이다. 오직 백성을 위해 포악한 왕을 친다는 이 말은 구실이 되기도 하고 대의명분이 되기도 한다.

弔	民	伐	罪	周	發	殷	湯

14. 좌조문도 수공평장(坐朝問道 垂拱平章)

坐	朝	問	道	垂	拱	平	章
앉을 좌	아침 조	물을 문	길 도	드리울 수	팔짱낄 공	평탄할 평	밝을 장
ざ	ちょう	もん	どう	すい	きょう	へい	しょう

☞좌조문도하니 수공평장하니라.

☞조정에 앉아 道(도)를 물으니, 옷자락을 늘어뜨리고 팔짱만 끼고 있어도 밝게 다스려진다.

字義(자의)

坐 앉을 좌. 무릎 꿇을 좌, 자리 좌. 지킬 좌. 죄입을 좌.
朝 아침 조. 이를 조. 보일 조. 조회받을 조. 조정 조.
問 물을 문. 문안할 문. 문초할 문. 분부할 문.
道 길 도. 이치 도. 순할 도. 도 도. 말할 도. 여기서는 백성을 다스리는 올바른 길을 말함.
垂 드리울 수. 변방 수. 거의 수. 미칠 수. 남길 수. 여기서는 옷을 드리운 것으로서, 수공은 옷을 드리우고 손을 배 위에 모아 놓고 있는 모양을 말함.
拱 팔짱낄 공. 손길 잡을 공.
平 평탄할 평. 바를 평. 화친할 평. 풍년들 평. 소리 평. 고를 평. 평정할 평
章 밝을 장. 법 장. 글 장. 문채 장. 표할 장.

句解(구해)

坐朝(좌조): 조정에 앉는다는 뜻이다.
問道(문도): 도를 듣는다는 뜻이다.
坐朝問道(좌조문도): 임금은 政事(정사)의 본바탕 도리를 묻고 듣기만 하면 스스로 원칙을 세우지 않아도 잘 다스려진다는 뜻으로, 黃老(황로)에서 말하는 꿈같은 임금 像(상)을 가리키고 있다. '황로'는 황제와 노자를 가리킨다.
垂拱(수공): 옷을 늘어뜨리고 팔짱을 낀다는 뜻이다.
平章(평장): 평탄하고 밝다는 뜻이다.
垂拱平章(수공평장): ≪書經(서경)≫ 武成(무성)편에 나오는 "신용을 두텁게 하고 의리를 밝히며, 덕을 높이고 공로를 갚는다면, 옷을 드리우고 손을 마주 잡고도 천하가 다스려진다(惇信明義 崇德報功 垂拱而天下治 돈신명의 숭덕보공 수공이천하치)."를 다시 쓴 것이다.

解說(해설)

　제왕은 조정에 앉아서 치국의 대도를 신하에게 물으며, 옷자락을 늘어뜨리고 팔짱을 끼고 있어도 밝고 바른 정치가 된다는 말이다. 대체로 덕이 있는 임금은 백성 다스리는 길을 조정의 어진 신하들에게 물어 가며 신중히 일을 처리한다..

그리하면 신하들도 올바르게 일을 처리하고 일을 부지런히 하게 된다. 백성을 다스리는 원리를 도에 두고, 그것을 실천하기 전에 상의를 많이 해야 한다는 뜻이 내포되어 있다

15. 애육여수 신복융강(愛育黎首 臣伏戎羌)

愛	育	黎	首	臣	伏	戎	羌
아낄 애	기를 육	검을 려	머리 수	신하 신	엎드릴 복	오랑캐 융	오랑캐 강
あい	いく	れい	しゅ	しん	ふく ぷく	じゅう	きょう

☞애육여수하면 신복융강하고
☞백성을 친자식처럼 아껴 기르면, 모든 오랑캐들도 신하가 되어 엎드리고,

字義(자의)

愛 아낄 애. 괴일 애. 사랑 애. 그리워할 애.
育 기를 육. 날 육. 자랄 육. 어릴 육.
黎 검을 려. 무리 려. 동틀 려. 배접할 려.
首 머리 수. 우두머리 수. 향할 수. 시 한 편 수.
臣 신하 신. 두려울 신.
伏 엎드릴 복. 공경할 복. 숨을 복. 복 복. 굴복할 복. 새가 알을 품을 부.
戎 오랑캐 융. 병장기 융. 싸움수레 융. 클 융.
羌 오랑캐 강. 지금의 티베트족을 나타냄.

句解(구해)

愛育(애육): 사랑으로 기른다.
黎首(여수): ‘黎首(여수)’는 ‘검은 머리’라는 뜻인데, 옛날 백성들은 논밭에서 고생하느라 살갗이 꺼멓게 그을렸으므로 ‘百姓(백성)’을 가리키는 말로 되었음.
臣伏(신복): 신하되어 복종한다. 여기서 신복은 백성들이 엎드려 임금에게 복종한다는 뜻임. ‘臣(신)’은 상형문자로서 무릎을 굽혀 쭈그리고 있는 꼴이고, ‘伏(복)’은 회의문자로서 개가 제 주인에게 복종해서 믿는 것과 같으니, 곧 ‘臣伏(신복)’은 엎드려서 임금에게 服從(복종)하다는 뜻임.
戎羌(융강): 오랑캐. 戎(융)과 羌(강)은 중국 북서쪽 지역에 있던 유목민족 이름이지만, 사방의 모든 오랑캐를 나타낸다.

解說(해설)

人民(인민)을 사랑하며 기르니 그 덕화는 온 누리에 미쳐 이민족까지 신하로서 복종한다.

明君(명군)이 천하를 다스릴 때에는 백성들을 사랑하고 기르기 때문에 德化(덕화)가 널리 미쳐 국경 밖의 蠻族(만족)들까지도 신하로서 스스로 복종하게 된다는 말이다. 위의 글은 중국의 同和(동화) 정책을 널리 알리는 내용이다.

16. 하이일체 솔빈귀왕(遐邇壹體 率賓歸王)

遐	邇	壹	體	率	賓	歸	王
멀 하	가까울 이	하나 일	몸 체	거느릴 솔	손 빈	돌아갈 귀	임금 왕
か	じ	いち いつ	たい てい	そつ りつ	ぴん	き	おう

☞하이일체하야 솔빈귀왕하니라
☞멀고 가까운 데가 다 한 몸이 되어, 거느리고 와서 천자에게 기대고 굽실거린다.

字義(자의)

遐 멀 하. 무엇 하. 어찌 하.
邇 가까울 이.
壹 하나 일. 한결 일. 정성 일.
體 몸 체. 사지 체. 모양 체. 꼴 체. 물건 체. 근본 체. 본받을 체.
率 거느릴 솔. 좇을 솔. 다 솔. 쓸 솔. 대강 솔. 소탈할 솔. 경솔할 솔. 행할 솔. 비례 율. 헤아릴 율. 장수 수.
賓 손 빈. 손님 빈. 인도할 빈. 복종할 빈. 배척할 빈. 여기서 솔빈이라고 한 것은 모두 거느려 복종한다는 뜻임.
歸 돌아갈 귀. 돌아올 귀. 돌려보낼 귀. 붙좇을 귀. 시집갈 귀. 사물의 끝 귀. 괘 이름 귀. 먹일 궤.
王 임금 왕. 할아버지 왕. 왕 노릇할 왕. 어른 왕. 왕성할 왕. 갈 왕.

句解(구해)

遐邇(하이): 먼 데와 가까운 데.
壹體(일체): 한 몸. 一心同體(일심동체). '一體(일체)'와 '壹體(일체)'는 같은 말이다.
率賓(솔빈): 이끌고 와서 복종한다. 率土之賓(솔토지빈)이므로 率土之民(솔토지민)과 같다. 외국인이 서로 이끌고 복종하여 조공하러 온다는 뜻으로도 해석한다.
歸王(귀왕): 왕에게 귀순한다.

解說(해설)

  국경 밖 먼 곳의 이민족이나 가까이 있는 제후들이 일체가 되어 서로 이끌고 복종하여 왕의 덕에 심복하고 귀의한다는 말이다. 통치자가 덕으로써 통치한다는 것은 곧 인민을 자기 자식과 같이 愛育(애육)한다는 뜻이다. 仁君(인군)은 異國(이국)의 백성이라 할지라도 一視同仁(일시동인)으로 다스리기 때문에 귀순한다는 것이 본 절의 취지이다.

이렇게 해석하는 이유는 앞 절에 오랑캐 이야기가 나오기 때문이다.
　이 절도 중국의 외교정책 중 이민족 同和(동화) 정책을 널리 알리는 내용이나 다름없다.

17. 명봉재수 백구식장(鳴鳳在樹 白駒食場)

鳴	鳳	在	樹	白	駒	食	場
울 명	새 봉	있을 재	나무 수	흰 백	망아지 구	밥 식	마당 장
めい	ほう	ざい	じゅ	はく びゃく	く	じき しょく	じょう

☞명봉은 재수하고 백구는 식장하니라
☞봉황은 梧桐樹(오동수)에 깃들어 울고, 흰 망아지는 마당에서 풀을 뜯는다.

字義(자의)

鳴 울 명. 새 울음 명. 울릴 명.
鳳 새 봉, 봉황 봉. 수컷을 봉, 암컷을 황이라고 함.
在 있을 재. 살 재.
樹 나무 수. 세울 수. 심을 수.
白 흰 백. 분명할 백. 밝을 백. 깨끗할 백, 결백할 백. 말할 백. 아뢸 백. 아무것도 없을 백. 성 백.
駒 망아지 구. 두 살 난 말 구. 애말 구. 나뭇등걸 구. 노새 이름 구.
食 밥 식. 먹을 식. 씹을 식. 헛말할 식. 먹일 사.
場 마당 장. 싸움터 장.

句解(구해)

鳴鳳(명봉): 鳳凰(봉황)이 운다. '鳳(봉)'은 봉황새 수컷을 뜻하고, 암컷은 '凰(황)'으로 씀. 봉황은 오동나무 위에만 앉으며 대나무 열매를 먹고 산다는 瑞鳥(서조)이다. 그러므로 명봉재수는 착한 사람이 거주할 곳을 얻음을 나타낸다. ≪詩經(시경)≫에 "봉황이 우는구나(鳳凰鳴矣 봉황명의)."라는 말이 있다.
白駒(백구): 흰 망아지. '白駒(백구)'는 두 살 난 망아지. 文雅(문아)한 賢者(현자)나 지조 높은 선비들이 타고 다녔으니 어진 사람이 찾아온 것을 말한다. 그가 타고 온 흰 망아지가 마당에서 편안하게 풀을 뜯고 있음을 말한다.
食場(식장): 마당에서 풀을 뜯고 있다.

解說(해설)

　名君聖賢(명군성현)이 다스리는 세상이 되면 瑞鳥(서조)인 봉황이 나타나고, 망아지 같은 네발 달린 짐승들도 사람을 잘 따르게 된다는 것이다. 태평한 시대에는 천지가 和樂(화락)하고 그 기운은 새나 짐승에게까지 미치며 봉황이 나타나 오동나무에서 운다고 한다.

또 현자가 왕과 대화하는 동안 그가 타고 온 망아지는 마당가에서 평화롭게 풀을 뜯는다는 말이니, 봉황과 백구를 등장시켜 평화스럽게 다스려지는 시대를 묘사한 구절이다.

18. 화피초목 뢰급만방(化被草木 賴及萬方)

化	被	草	木	賴	及	萬	方
될 화	입을 피	풀 초	나무 목	힘입을 뢰	미칠 급	일만 만	모 방
か/け	ひ	そう	もく ぼく	らい	きゅう	まん ばん	ほう ぼう

☞화는 피초목하고 뢰는 급만방하니라
☞德化(덕화)는 풀과 나무에까지 미치고, 힘입음이 온 누리에 미친다.

字義(자의)

化 될 화. 화할 화. 변화할 화. 본받을 화.
被 입을 피. 이불 피. 상처받을 피. 미칠 피. 나타날 피. 더할 피. 덮일 피. 창피할 피. 겉 피.
草 풀 초. 거칠 초. 시작할 초. 초서 초.
木 나무 목. 질박할 목. 뻣뻣할 목. 무명 목. 모과 모. 여기서 초목은 온 세상의 모든 풀과 나무를 통틀어 말한 것임.
賴 의뢰할 뢰. 얻을 뢰. 힘입을 뢰. 믿을 뢰.
及 미칠 급. 미쳐 갈 급. 죄 미칠 급. 및 급. 더불어 급.
萬 일만 만. 많을 만. 여럿 만.
方 모 방. 방위 방. 의술 방. 바야흐로 방. 있을 방. 꾀 방. 여기서 만방은 사면팔방이란 뜻임.

句解(구해)

化被(화피): 덕화를 입힌다.
草木(초목): 풀과 나무.
萬方(만방): 온 천하.

解說(해설)

　　명군의 덕화가 풀이나 나무에까지도 미치고 그의 큰 은혜는 천지간의 만물에까지 미친다. **名君**(명군), 곧 똑똑하고 슬기로운 임금이 龍床(용상)에 앉으면 그 베풀어 주는 힘이 백성뿐만 아니라 땅 위에 있는 모든 것에까지 미쳐 태평세상이 된다는 말이다. 현명한 군주가 통치하면 나라가 평화롭고 잘 다스려지며 이러한 공덕이 풀과 나무와 온 누리에 미치고 드러난다는 뜻이니 이러한 시대를 '堯舜時代(요순시대)'라고 하는 것이다.

인간의 도리

19. 개차신발 사대오상(蓋此身髮 四大五常)

蓋	此	身	髮	四	大	五	常
대개 개	이 차	몸 신	터럭 발	넉 사	큰 대	다섯 오	떳떳할 상
がい	し	しん	はつ ぱつ	し	たい だい	ご	じょう

☞개차신발은 사대오상이라
☞무릇 이 몸과 터럭은, 네 가지 큰 것과 다섯 가지 떳떳함으로 이루어졌다.

字義(자의)

蓋 덮을 개. 대개 개. 뚜껑 개. 덮개 개. 이엉 개. 가릴 개. 우산 개.
此 이 차. 그칠 차. 이에 차.
身 몸 신. 아이 밸 신. 칙지 신. 교지 신. 몸소 신. 줄기 신.
髮 터럭 발. 머리카락 발. 모래땅 발. 메마른 땅 발. 초목 발.
四 넉 사. 넷 사. 사방 사. 네 번 사.
大 큰 대. 지날 대. 길 대. 높이는 말 대. 대강 대. 극할 다. 심할 다.
五 다섯 오. 다섯 번 오.
常 떳떳할 상. 항상 상. 늘 상. 범상 상. 두길 상.

句解(구해)

身髮(신발): 身體髮膚(신체발부)를 줄인 말이다. 몸과 얼굴과 머리털과 피부.
四大(사대): 인체를 형성하는 물질요소인 地水火風(지수화풍).
五常(오상): 仁義禮智信(인의예지신). 인간만이 오상을 갖출 수 있으니 이것이 바로 사람다운 점이다.

解說(해설)

　대개 사람의 몸과 터럭은 사대 요소라는 地(지), 水(수), 火(화), 風(풍)으로 이루어져 있다. 그것을 통솔하는 마음에는 五常(오상)이라 하는 仁(인), 義(의), 禮(예), 智(지), 信(신)이 있다. 사대는 人體(인체)를 형성하는 물질적인 요소로, 하늘 땅 임금 부모라고 해석한다든지 팔, 다리, 머리, 몸통이라고 하기도 한다. 오상은 사람의 마음과 성품 속에 갖추어진 정신적인 요소인데, 사대를 훼상하지 않아 잘 보존해야 함은 물론이며, 오상은 항상 연마하지 않으면 거칠어진다.

蓋 此 身 髮　四 大 五 常

20. 공유국양 기감훼상(恭惟鞠養 豈敢毁傷)

恭	惟	鞠	養	豈	敢	毁	傷
공손할 공	오직 유	칠 국	기를 양	어찌 기	굳셀 감	헐 훼	다칠 상
きょう	い	きく	よう	き	かん	き	しょう

☞공유국양할지니 기감훼상하리오
☞삼가 자기를 길러 준 부모의 은공을 생각하면 어찌 감히 이 몸을 훼손하며 상하게 하리오.

字義(자의)

恭　공손할 공. 엄숙할 공. 공경할 공. 받들 공.
惟　오직 유. 꾀 유. 꾀할 유. 생각할 유. 어조사 유.
鞠　칠 국. 기를 국. 고할 국. 구부릴 국. 공 국. 궁할 국. 찰 국. 제기 국.
養　기를 양. 자랄 양. 취할 양. 몸 위할 양. 살찔 양. 봉양할 양.
豈　어찌 기. 일찍 기.
敢　굳셀 감. 구태여 감. 과단성 있을 감. 감히 감. 날랠 감. 용맹스러울 감.
毁　헐 훼. 무너질 훼. 험담할 훼. 이갈 훼. 헐어질 훼.
傷　다칠 상. 상할 상. 아플 상. 근심할 상. 해할 상.

句解(구해)

恭惟(공유): 공손히 생각한다.
鞠養(국양): 부모가 자식을 養育(양육)함.
毁傷(훼상): 훼손하고 상해를 입힘.

解說(해설)

　　자식은 부모의 은공을 잊지 말고 부모가 물려준 신체발부를 훼손하지 말아야 한다는 말이다. '養敢毁傷(기감훼상)'은 ≪孝經(효경)≫ 開宗明義(개종명의)편 "몸뚱이와 머리칼과 살갗에 이르기까지 부모한테서 받은 것이므로 이를 감히 헐거나 다치지 않게 하는 것이 효의 비롯됨이다(身體髮膚 受之父母 不敢毁傷 孝之始也 신체발부 수지부모 불감훼상 효지시야)."에 나오는 말이다.
修身(수신)의 근본정신은 효에서 시작된다. 사람의 자식이라면 누구나 신체발부를 부모로부터 받았으며 부모는 또 온갖 고난을 무릅쓰며 자식에게 옷을 입히고 젖과 밥을 주어 양육하였다. 그 은공을 생각한다면 자기 몸을 아끼고 사랑해야 한다.

21. 여모정열 남효재량(女慕貞烈 男效才良)

女	慕	貞	烈	男	效	才	良
계집 여	사모할 모	곧을 정	매울 렬	사내 남	본받을 효	재주 재	어질 량
じょ にょ にょう	ぼ	てい じょう	れつ	だん	こう	さい	りょう

☞여는 모정렬하고 남은 효재량하니라
☞여자는 곧은 절개를 사모하고, 남자는 어질고 재능이 훌륭한 사람을 본받아야 한다.

字義(자의)

女 계집 녀. 딸 녀. 여자 녀. 아낙네 녀. 너 녀. 별 이름 녀.
慕 사모할 모. 생각할 모.
貞 곧을 정. 굳을 정.
烈 매울 렬. 불 활활 붙을 렬. 위엄스러울 렬. 공 렬. 아름다울 렬. 사나울 렬. 충직할 렬.
男 사내 남. 아들 남. 벼슬 이름 남.
效 본받을 효. 닮을 효. 효험 효. 공 효. 배울 효. 향상할 효. 힘쓸 효. 이를 효.
才 재주 재. 능할 재. 현인 재. 바탕 재.
良 어질 량. 착할 량. 남편 량. 장인 량. 깊을 량.

句解(구해)

貞烈(정렬): 절개와 굳셈.
才良(재량): 재주가 있으면서 어질다.

解說(해설)

　　본 절은 남녀의 덕에 대하여 각각 그 要訣(요결)을 제시한 것이다. 남자이건 여자이건 일단 마음이 굳세고 흔들리지 않아야 한다. 그 다음으로 여자가 지향해야 할 바는 절개이고 남자가 지향해야 할 바는 어짊과 재주라는 말이다. 우리나라에 "여자는 마음씨가 좋으면 서방이 열이다."라는 속담이 있으니 경계할 만하다. 남자는 어질고 재주가 있어야 한다고 했으니 우선 인간성이 좋고 건전한 가치관을 가진 다음에 재능을 중시한다는 말이 아닌가 한다.

22. 지과필개 득능막망(知過必改 得能莫忘)

知	過	必	改	得	能	莫	忘
알 지	지날 과	반드시 필	고칠 개	얻을 득	능할 능	말 막	잊을 망
じ/ち	か	ひつ	かい	とく	のう	ばく	ぼう

☞지과면 필개하고 득능이면 막망하라

☞허물을 알았으면 반드시 고쳐야 하고, 깨달아 할 수 있게 된 다음에는 잊지 않아야 한다.

字義(자의)

知 알 지. 깨달을 지. 사귈 지. 대접 지.
過 지날 과. 넘을 과. 그릇할 과. 허물 과.
必 반드시 필. 오로지 필. 살필 필. 기약 필.
改 고칠 개. 거듭할 개. 바꿀 개. 새롭게 할 개. 지을 개.
得 얻을 득. 탐할 득. 만족할 득. 잡을 득. 잘할 득.
能 능할 능. 착할 능. 시러금 능. 재능 능.
莫 말 막. 없을 막. 클 막. 꾀할 막.
忘 잊을 망. 잃어버릴 망. 기억이 없을 망. 없애버릴 망.

句解(구해)

知過(지과): 자신의 과실을 알다.
必改(필개): 반드시 고친다.
得能(득능): 행해서 얻는 것이 있다.
莫忘(막망): 잊지 말라.

解說(해설)

　　자기의 과실을 깨달았으면 반드시 고쳐야 할 것이고, 할 수 있는 능력을 얻었으면 잊지 말아야 한다. 이 구절은 《論語(논어)》 學而篇(학이편)에 나오는 "허물이 있다면 고치기를 꺼리지 마라(過則勿憚改 과즉물탄개)."와 子張篇(자장편)에 나오는 "날마다 모르는 바를 알고 달마다 할 수 있게 된 바를 잊지 않는다면 가히 배우기를 좋아한다고 할 수 있다(日知其所亡 月無忘所能 可謂好學也已矣 일지기소망 월무망소능 가위호학야이의."를 略(약)한 말이다.

23. 망담피단 미시기장(罔談彼短 靡恃己長)

罔	談	彼	短	靡	恃	己	長
말 망	말씀 담	저 피	짧을 단	말 미	믿을 시	몸 기	긴 장
もう	だん	ひ	たん	び	じ	き/こ	ちょう

☞망담피단하고 미시기장하라
☞남 모자라는 점 말하지 말고 내 좋은 점 믿지 말라.

字義(자의)

罔　말 망. 없을 망. 속일 망. 맺을 망. 그물 망.
談　말씀 담. 바둑 둘 담. 농할 담.
彼　저 피. 저것 피. 그 피.
短　짧을 단. 잘못 단. 남의 허물 지목할 단. 젊어서 죽을 단.
靡　없을 미. 쓰러질 미. 사치할 미. 뻗을 미. 얽을 미. 멸망할 미. 말 미.
恃　믿을 시. 의지할 시.
己　몸 기. 저 기. 사사 기. 육갑 기. 다스릴 기.
長　긴 장. 길이 장. 클 장. 좋을 장. 늘 장. 항상 장. 길 장. 오랠 장. 착할 장. 넉넉할 장. 높을 장. 맏 장. 나아갈 장. 기를 장.

句解(구해)

罔談彼短(망담피단): 남의 단점을 말하지 말라.
靡恃己長(미시기장): 자신의 장점을 믿지 말라.

解說(해설)

　　남의 단점을 말하지 말 것이며, 나의 장점을 믿지 말라는 말이다. 그렇지 않으면 덕을 손상하고 말 것이다. 곧 남을 높여 주고 스스로를 낮추라는 말도 된다. 군자가 되는 길은 멀리 있지 않다. ≪書經(서경)≫ 說命(열명)편에 "스스로 잘났다고 여기면 그 잘남을 잃게 된다(厥善 喪厥善 궐선 상궐선)."고 하였으니, 남의 못난 점을 따지거나 자기가 잘났다고 으스대지 말라는 말이다. 맹자는 일찍이 '남의 단점을 말하다가 후환을 얻으면 어찌하려나.' 하였다. 이러한 태도만 꾸준히 지키면 군자가 될 수 있다.
사람들의 결점이란 스스로를 자랑하고 남을 흉보는 일인데. 이것만 고쳐도 도덕군자나 선비라는 말을 들을 수 있을 것이다.

24. 신사가복 기욕난량(信使可覆 器欲難量)

信	使	可	覆	器	欲	難	量
믿을 신	부릴 사	옳을 가	덮을 복	그릇 기	하고자 할 욕	어려울 난	헤아릴 량
しん	し	か	ふく	き	よく	なん	りょう

☞신은 사가복이오 기는 욕난량이니라
☞言約(언약)은 지킬 수 있게 하고, 도량은 헤아리기 어려울 정도가 되도록 하라.

字義(자의)

信　믿을 신. 참될 신. 소식 신. 펼 신.
使　부릴 사. 하여금 사. 가령 사. 사신 사. 심부름시킬 사.
可　옳을 가. 허락할 가. 가히 가. 마땅할 가.
覆　덮을 복. 돌이킬 복. 거듭 복. 엎지를 복. 덮을 부.
器　그릇 기. 도량 기. 쓰일 기. 그릇다울 기.
欲　하고자 할 욕. 탐낼 욕.
難　어려울 난. 꾸짖을 난. 막을 난. 힐난할 난. 재앙 난.
量　헤아릴 량. 생각할 량. 생각하여 분별할 량. 되 량. 국량 량.

句解(구해)

信使可覆(신사가복): 약속은 실천할 수 있도록 한다. ≪論語(논어)≫ 學而(학이)편에 "언약이 의로움에 가까우면 그 말은 해낼 수 있다 (信近於義 言可復也 신근어의 언가복야)."를 다시 쓴 것으로 본다.
器欲難量(기욕난량): 재능은 측량하기 어려울 정도가 되어야 한다.

解說(해설)

　약속은 남에게 믿음을 줄 수 있도록 실천해야 하며, 사람의 기량은 측량할 수 없을 만큼 커야 한다. 무리한 약속을 남발하지 말아야 하고 해낼 수 있는 약속만 하라는 말이고, 사람의 기량은 남이 좀처럼 헤아리지 못할 정도로 크고 넓어야 한다는 것이다. ≪후한서≫ 郭太傳(곽태전)에 "태가 말하기를, 숙도의 기량은 천 頃(경)이나 되는 물과 같아서 제아무리 맑게 하고자 해도 더 맑아지지 않고, 흐리게 하고자 해도 더 흐려지지 않을 만큼 측량하기가 어렵다."고 했다. 믿음 있는 행동을 되풀이하여 남에게 신용을 얻으며, 남이 헤아릴 수 없는 기량을 가진 자는 군자이자 참된 선비이다.

25. 묵비사염 시찬고양(墨悲絲染 詩讚羔羊)

墨	悲	絲	染	詩	讚	羔	羊
먹 묵	슬플 비	실 사	물들일 염	글 시	기릴 찬	염소 고	양 양
ぼく	ひ	し	せん	し	さん	こう	よう

☞묵은 비사염하고 시는 찬고양하니라
☞묵자는 흰 실이 물듦을 슬퍼했고, 詩(시)에서는 羔羊篇(고양편)을 기렸느니라.

字義(자의)

墨 먹 묵. 먹줄 묵. 탐할 묵. 그을음 묵. 형벌 묵. 여기서는 墨翟(묵적)이라는 인물을 말함.
悲 슬플 비. 불쌍히 여길 비.
絲 실 사. 풍류 이름 사. 자을 사.
染 물들일 염. 꼭두서니 염. 물 젖을 염. 적실 염.
詩 글 시. 귀글 시. 풍류가락 시. 시경 시. 여기서는 ≪詩經(시경)≫을 말함.
讚 기릴 찬. 도울 찬.
羔 염소 고. 새끼 양 고. 양 새끼 고.
羊 양 양. 염소 양. 고양은 ≪詩經(시경)≫ 小雅(소아)에 있는 羔羊篇(고양편)을 말함.

句解(구해)

墨悲絲染(묵비사염): 墨子(묵자)는 흰 실이 물드는 것을 보고 슬퍼했다.
詩讚羔羊(시찬고양): ≪詩經(시경)≫에 나오는 '고양' 시가 찬미되었다. 이 시는 ≪시경≫ 小雅(소아)에 있는 羔羊篇(고양편)을 말한다.

解說(해설)

　墨翟(묵적)은 흰 실에 물들이는 자를 보고 슬퍼했고, 詩(시)는 羔羊(고양)의 純一(순일)함을 찬양했다. 묵적은 "이 하얀 실은, 파랗게 물들이면 파랗게 되고 노랗게 물들이면 노랗게 된다. 마찬가지로 사람도 善(선)에 물들면 선하게 되고, 惡(악)에 물들면 악하게 된다." 고 하면서, 사람들이 악에 오염되는 것을 보며 슬퍼했다. 인간은 순수한 본성을 잘 지켜 나가야 한다는 점을 강조한 것이다.
　≪詩經(시경)≫에서는 [羔羊(고양)]시가 찬미되었는데, 召南(소남)의 국왕이 문왕의 德政(덕정)에 감화되니 卿大夫(경대부)들은 저절로 節儉(절검)하고 正直(정직)하게 되었고, 또한 온 백성이 고양같이 온순하게 변했다고 한다.
　문왕을 보면 전혀 물들지 않고 백성을 다스리니 남국 지방의 大夫(대부)가 이 교화에 힘입어 절약과 검소, 정직을 실천하게 되었다는 말이다.

26. 경행유현 극념작성(景行維賢 剋念作聖)

景	行	維	賢	剋	念	作	聖
클 경	다닐 행	벼리 유	어질 현	이길 극	생각할 념	지을 작	성인 성
けい	ぎょう こう	い	けん	こく	ねん	さく	せい

☞경행은 유현이요 극념은 작성이니라
☞큰길을 걸어가는 사람은 어진 사람이 되니, 자잘한 생각을 이겨 나간다면 聖人(성인)이 될 수 있다.

字義(자의)

景 볕 경. 빛 경. 클 경. 경치 경. 밝을 경. 우러러볼 경.
行 다닐 행. 갈 행. 길 행. 행실 행. 운반할 행. 항오 항. 시장 항. 항렬 항. 행서 행.
維 벼리 유. 오직 유. 이 유. 맬 유. 이을 유. 발어사 유. 바(굵은 줄) 유.
賢 어질 현. 어진이 현. 좋을 현. 나을 현.
剋 이길 극. 능할 극. 멜 극.
念 생각할 념. 읽을 념. 스물 념. 욀 념.
作 지을 작. 이룰 작. 비롯할 작. 일할 작. 일어날 작.
聖 성인 성. 착할 성. 통할 성. 지극할 성. 잘할 성. 거룩할 성.

句解(구해)

景行(경행): 큰길을 가다. 행동을 빛나게 하다.
景行維賢(경행유현): 행동을 빛나게 하면 이것이 곧 어진 것이다.
剋念(극념): 도의를 생각하다.
剋念作聖(극념작성): 克己(극기)나 克己復禮(극기복례)를 늘 생각하면 성인이 될 수 있다.

解說(해설)

　　큰 도를 행하면 어진 이가 되고, 자잘한 생각을 버리고 도의를 생각할 줄 알면 聖人(성인)이 된다. 본 절에서는 특정의 인물만이 성현이 되는 것은 아니며 景行(경행)과 克己(극기)로 누구나 그 경지에 도달할 수 있다고 했다. 행동을 빛나게 하면 이는 곧 현인이요, 열심히 도의를 상념하면 성인도 될 수 있다. 극기하면 평범한 사람도 성현이 될 수 있다는 말인 듯하다.

27. 덕건명립 형단표정(德建名立 形端表正)

德	建	名	立	形	端	表	正
큰 덕	세울 건	이름 명	설 립	형상 형	바를 단	겉 표	바를 정
とく どく	けん こん	めい みょう	りつ	ぎょう けい	たん	ひょう	せい しょう

☞덕건이면 명립하고 형단이면 표정하니라.
☞덕이 세워지면 이름이 서게 되고, 차림새가 깔끔해야 겉모습이 바르게 된다.

字義(자의)

德 큰 덕. 품행 덕. 은혜 덕. 덕 되게 여길 덕. 복 덕.
建 세울 건. 설 건. 둘 건. 심을 건. 별 이름 건.
名 이름 명. 이름 지을 명. 공 명. 글 명. 말뿐 명.
立 설 립. 세울 립. 이룰 립. 밝힐 립. 정할 립.
形 형상 형. 형상할 형. 나타날 형. 형편 형. 형세 형.
端 바를 단. 끝 단. 머리 단. 살필 단. 근본 단. 단오 단. 비롯할 단. 오로지 단.
表 겉 표. 거죽 표. 윗옷 표. 밝을 표. 정문세울 표. 글 표.
正 바를 정. 마땅할 정. 정할 정. 첫 정. 정월 정. 과녁 정. 네모 정.

句解(구해)

德建名立(덕건명립): 덕이 서면 훌륭한 이름이 나타난다. 덕이란 善行(선행), 善心(선심)으로 보면 된다.
形端表正(형단표정): 모양이 단정하면 표면도 바르게 된다.

解說(해설)

　덕을 성취하면 꽃다운 이름이 세상에 나타나는 법이니, 그것은 마치 모습이 바르면 그림자 역시 바른 이치와 같은 것이다. 德(덕)이란 알맹이를 말하고 名(명)이란 그 알맹이를 나타내는 이름이니, 속이 알차면 이름은 저절로 드러나게 마련이라는 것이 '德建名立(덕건명립)'이다. '形端表正(형단표정)'은 형체를 그 그림자로 알 수 있는 것과 마찬가지로, 사람은 말이나 겉모양, 일상의 행위 등에서 됨됨이를 뚜렷이 알 수 있다는 뜻이다.

28. 공곡전성 허당습청(空谷傳聲 虛堂習聽)

空	谷	傳	聲	虛	堂	習	聽
빌 공	골 곡	전할 전	소리 성	빌 허	집 당	익힐 습	들을 청
くう	こく	てん でん	しょう せい	きょ こ	どう	しゅう	ちょう

☞공곡에 전성하고 허당에 습청하니
☞텅 빈 골짜기에서도 소리는 전해지듯, 빈 대청에서는 들림이 겹쳐지듯.

字義(자의)

空 빌 공. 하늘 공. 클 공. 허 공.
谷 골 곡. 궁진할 곡. 기를 곡. 막힐 곡.
傳 전할 전. 펼 전. 이을 전. 옮길 전. 책 전.
聲 소리 성. 풍류 성. 명예 성. 기릴 성.
虛 빌 허. 헛될 허. 약할 허. 거짓말 허. 하늘 허.
堂 집 당. 마루 당. 정당할 당. 집무하는 집 당. 가까운 친척 당. 훌륭한 용모 당. 당당할 당.
習 익힐 습. 날기 익힐 습. 가까이할 습. 슬슬 불 습. 거듭 습. 버릇 습.
聽 들을 청. 받을 청. 좇을 청. 염탐꾼 청.

句解(구해)

空谷(공곡): 빈 골짜기.
傳聲(전성): 소리를 전한다.
虛堂(허당): 빈 집.
習聽(습청): 익히 듣다.

解說(해설)

　有德君子(유덕군자)의 말은 마치 빈 골짜기에 산울림이 전해지듯 멀리 퍼져 나가고, 사람의 말은 빈 집에서 해도 神(신)은 익히 들을 수가 있다. ≪易經(역경)≫에 이르기를 "군자가 집 안에서 하는 말이 훌륭하면 천 리 밖에서도 따르게 마련이니, 하물며 가까운 곳에서이겠는가(易曰 君子居其室 出其言善 則千里之外應之 況其邇者乎 역왈 군자거기실 출기언선 즉천리지외응지 황기이자호)?" 하였으니, 군자는 누가 보고 듣는 것과 관계없이 언제나 올바른 말과 행동을 해야 된다는 말이다.

29. 화인악적 복연선경(禍因惡績 福緣善慶)

禍	因	惡	績	福	緣	善	慶
재앙 화	인할 인	악할 악	쌓을 적	복 복	인연 연	착할 선	경사 경
か	いん	あく お	せき せっ	ふく	えん ねん	ぜん	けい

☞화는 인악적이요 복은 연선경이라

☞언짢은 일은 못된 짓을 쌓는 데서 말미암은 것이요, 복은 착한 일을 쌓은 경사로움에서 말미암은 것이다.

字義(자의)

禍　재앙 화. 앙화 화. 재화 화.
因　인할 인. 말미암을 인. 의지할 인. 인연 인. 따를 인. 까닭 인. 근본 인.
惡　악할 악. 모질 악. 더러울 악. 나쁠 악. 미워할 오. 부끄러울 오. 욕설할 오. 어찌 오.
積　쌓을 적. 저축할 적. 모을 적. 부피 적. 넓이 적. 쌓을 자.
福　복 복. 아름다울 복. 착할 복. 음복할 복.
緣　인연 연. 연분 연. 좇을 연. 가장자리 연.
善　착할 선. 길할 선. 많을 선. 좋을 선. 좋아할 선. 옳게 여길 선. 친할 선.
慶　경사 경. 착할 경. 즐거워할 경. 칭찬할 경. 하례할 경.

句解(구해)

禍因惡績(화인악적): 재앙은 악을 쌓아서 생긴다.
福緣善慶(복연선경): 복덕은 착하고 경사스런 일에서 생긴다.

解說(해설)

　　이 글귀는 ≪易經(역경)≫의 "착한 일을 많이 한 집에는 반드시 경사가 있고, 착하지 못한 일을 많이 한 집에는 반드시 언짢은 일이 있다(積善之家必有餘慶 積不善之家 必有餘殃 적선지가필유여경 적불선지가 필유여앙)."를 다시 쓴 것이다. 禍難(화난)은 악이 쌓임으로 인한 것이고, 복은 선행과 경하할 일에서 연유하는 것이니 우연한 일이 아니라는 말이다. 옛날 어르신들의 말에도 "옛날부터 하늘은 착한 자의 편을 든다."고 했다. 인간들의 삶이 악행으로 악을 낳고 선행으로 선을 낳는다고 보는 것이다. 왕소윤은 말하기를, 景行(경행)과 德建(덕건)의 2절은 人事面(인사면)이고, 空谷(공곡)과 禍因(화인)의 2절은 天道(천도)를 말한 것이라고 했다.

30. 척벽비보 촌음시경(尺璧非寶 寸陰是競)

尺	璧	非	寶	寸	陰	是	競
자 척	구슬 벽	아닐 비	보배 보	마디 촌	그늘 음	이 시	다툴 경
しゃく じゃく	へき	ひ び	ほう ぼう	すん	いん	ぜ	けい きょう

☞척벽은 비보이니 촌음을 시경하라
☞한 자 되는 구슬이라도 보배는 아니니, 寸刻(촌각)이라도 다투어 아껴야 한다.

字義(자의)

尺　자 척. 가까울 척. 법 척.
璧　구슬 벽. 도리옥 벽. 별 이름 벽.
非　아닐 비. 나무랄 비. 그를 비. 어길 비. 없을 비. 몹쓸 비. 어긋날 비.
寶　보배 보. 귀할 보. 옥새 보. 돈 보.
寸　마디 촌. 치 촌. 헤아릴 촌. 조금 촌. 촌수 촌.
陰　그림자 음. 그늘 음. 응달 음. 음지 음. 음기 음. 가만할 음. 가릴 음. 흐릴 음. 세월 음. 몰래 음. 생식기 음.
是　이 시. 바를 시. 곧을 시. 옳을 시.
競　다툴 경. 쫓을 경. 성할 경. 굳셀 경. 높을 경. 급할 경.

句解(구해)

尺璧(척벽): 한 자나 되는 구슬.
寸陰(촌음): 극히 짧은 시간.

解說(해설)

　　한 자의 碧玉(벽옥)이 보배가 아니요 한 치의 光陰(광음)이야 말로 보배이니, 분초를 다투며 공부하고 수양해야 한다. 이것은 성현에만 국한되는 말이 아니다. 성공한 사람들을 보면 늘 시간을 아껴 일을 했다. ≪晋書(진서)≫ 陶侃傳(도간전)에도 "도간이 항상 남에게 말하기를, 大禹(대우)는 성인이면서도 寸陰(촌음)을 아꼈으니, 보통사람으로서는 한 푼의 짧은 시간도 마땅히 아껴야 한다."고 했다. 우임금은 햇빛이 한 치쯤 옮겨 가는 것도 아낄 정도였으니 참으로 부지런히 살았다는 말이다. 우임금은 夏(하)나라 창업주이다.

# 충효(忠孝)

31. 자부사군 왈엄여경(資父事君 日嚴與敬)

資	父	事	君	日	嚴	與	敬
밑천 자	아비 부	섬길 사	임금 군	가로 왈	엄할 엄	더불 여	공경 경
し	ふ/ぶ	じ/ず	くん	えつ	げん ごん	よ	けい

☞자부사군에 왈컨대 엄여경이니
☞어버이 섬기는 것을 바탕삼아 임금을 섬기는 것을, 엄격함과 우러름이라 하니.

字義(자의)

資 밑천 자. 재물 자. 취할 자. 쓸 자. 도울 자. 품할 자.
父 아비 부. 아버지 부. 할아범 부. 남자의 미칭 보－甫(보)와 통함.
事 섬길 사. 일 사. 벼슬 사. 다스릴 사. 경영할 사.
君 임금 군. 아버지 군. 아내 군. 남편 군. 선조 군. 그대 군. 임 군. 귀신 군.
日 가로 왈. 가라사대 왈. 이를 왈. 일컬을 왈. 말 낼 왈. 얌전하지 못한 계집 왈.
嚴 엄할 엄. 굳셀 엄. 높을 엄. 공경할 엄. 씩씩할 엄. 혹독할 엄.
與 더불 여. 어조사 여. 허락할 여. 미칠 여. 같을 여. 줄 여. 참여할 여. 여기서는 두 가지 물건을 접속시키는 말로 곧 '무엇과 무엇'의 '과'에 해당하는 뜻으로 쓴 것임.
敬 공경 경. 엄숙할 경. 삼갈 경.

句解(구해)

資父(자부): 아비를 섬긴다.
事君(사군): 임금을 섬긴다.
資父事君(자부사군): 아비 섬기는 마음을 취하여 임금을 섬기다.
日嚴與敬(왈엄여경): 가로되 엄과 경이라 한다. 가로되 엄함과 공경함이라 한다.

解說(해설)

　아비 섬기는 마음을 취하여 나라를 섬겨야 하되 엄격하고 공경함이다. 이 말은 ≪孝經(효경)≫에 "아비 섬기는 마음을 바탕으로 임금을 섬긴다(資於事父 以事君 자어사부 이사군)."는 글귀를 다시 쓴 것이다.

≪白虎通義(백호통의)≫에 보면 "부자 사이에 있어서 아비는 법이니 법도로 자식을 가르치는 것이고, 자식은 부모가 낳아서 길러준 것이니 제 몸이 따로 있을 수 없다."고 했다. 부모를 섬기는 마음으로 임금을 섬기고, 섬길 때는 엄격하게, 공경을 다하여 섬기라는 말이다. 곧 君師父(군사부)는 一體(일체)이므로 섬기는 도리도 같다는 말이다.

32. 효당갈력 충즉진명(孝當竭竭 忠則盡命)

孝	當	竭	力	忠	則	盡	命
효도 효	마땅 당	다할 갈	힘 력	충성 충	곧 즉	다할 진	목숨 명
こう きょう	とう どう	けつ	りき りょく	ちょう	そく	じん	めい

☞효는 당갈력하고 충은 즉진명이니라
☞효도는 마땅히 그 힘을 다하여야 하고, 충성은 목숨을 다해야만 한다.

字義(자의)

孝 효도 효. 효자 효.
當 마땅 당. 대적할 당. 적합할 당. 순응할 당. 당할 당. 전당할 당. 마땅할 당.
竭 다할 갈. 마를 갈. 싸움에 질 갈. 들어 올릴 갈.
力 힘 력. 부지런할 력. 일할 력. 힘쓸 력. 작용할 력. 종 부릴 력.
忠 충성 충. 곧을 충. 공변될 충. 충성껏 할 충. 정성스러울 충.
則 곧 즉. 어조사 즉. 법칙 칙. 본받을 칙. 법 칙. 모범 칙. 조목 칙.
盡 다할 진. 마칠 진. 다 진. 모두 진. 다하게 할 진. 극진할 진.
命 목숨 명. 시킬 명. 명령할 명. 이름 명. 도 명. 운수 명.

句解(구해)

孝當竭力(효당갈력): 효도는 마땅히 힘을 다해서 해야 한다.
忠則盡命(충즉진명): 충성을 하되 목숨을 바쳐야 한다.

解說(해설)

　　효도는 마땅히 있는 힘을 다해 할 것이요, 나라에 충성하고자 하면 목숨을 바칠 각오가 되어 있어야 한다. ≪論語(논어)≫ 學而(학이)편에 보면 "자하가 말하기를, 부모를 섬기는 데는 그 힘을 다할 것이요, 임금을 섬기는 데는 그 몸이 다하도록 해야 한다(**子夏曰事父母 能竭其力 事君 能其致身** 자하왈 사부모 능갈기력 사군 능기치신)."고 했다. 會意字(회의자)로 된 **忠孝**(충효)라는 두 글자를 풀이해 보면, **忠**(충)은 **中**(중)과 **心**(심)으로 이루어져 있어 자기의 중심을 다 바친다는 뜻을 내포하고 있고, **孝**(효)는 **老**(노)에 **子**(자)가 붙어 있어, 늙은 부모를 자식이 업어서 섬긴다는 뜻을 내포하고 있다. 효도에는 힘을 다할 것이나 충성에는 목숨을 바친다는 글귀를 보면 옛날에는 효도보다 충성을 더 중시한 듯하다.

孝 當 竭 力 忠 則 盡 命

33. 임심리박 숙흥온정(臨深履薄 夙興溫凊)

臨	深	履	薄	夙	興	溫	凊
임할 임	깊을 심	밟을 리	얇을 박	이를 숙	일어날 흥	따뜻할 온	서늘할 정
りん	しん	り	はく ばく	しゅく	こう きょう	おん	しょう せい

☞임심이 이박하고 숙흥하야 온정하라
☞깊은 물가에 다다른 듯 살얼음을 밟듯이 하고, 일찍 일어나 따뜻한가 서늘한가를 살펴라.

字義(자의)

臨 임할 림. 군림할 림. 굽힐 림.
深 깊을 심. 멀 심. 감출 심.
履 밟을 리. 신 리. 가죽신 리. 녹 리. 신을 리.
薄 얇을 박. 가벼울 박. 적을 박. 빨리 달릴 박. 메마를 박.
夙 이를 숙. 아침 일찍 숙. 빠를 숙. 일찍 일어날 숙. 공경할 숙.
興 일어날 흥. 일 흥. 감동할 흥. 흥치 흥. 시구의구조법 흥. 일으킬 흥.
溫 따뜻할 온. 부드러울 온. 샘 이름 온. 온천 온.
凊 서늘할 정.

句解(구해)

臨深(임심): 깊은 연못 옆에 있듯 한다.
履薄(리박): 얇은 얼음을 밟듯 한다. *如履薄氷*(여리박빙).
夙興(숙흥): 아침 일찍 일어나다.
溫凊(온정): 부모를 모시되, 겨울에는 따뜻하게 하고 여름에는 시원하게 해 드린다.

解說(해설)

　자식은 부모님을 대할 때 마치 深淵(심연)에 임하는 듯, 薄氷(박빙) 위를 걷는 듯 조심해야 한다는 말이다. 그리고 일찍 일어나서 부모님을 따뜻하게 혹은 서늘하게 해 드려야 한다는 말이다. ≪禮記(예기)≫ 곡례(曲禮)에도 "대체로 사람의 자식 된 예는 부모를 섬김에 있어 겨울에는 따뜻하게 해 드리고 여름에는 서늘하게 해 드리며, 날이 어두우면 자리를 펴드리고 새벽에는 잘 쉬셨는가 살펴야 하는 것이다."라고 했다. 이른바 昏定晨省(혼정신성)이라 함은 이를 말하는 것이다.

34. 사란사형 여송지성(似蘭斯馨 如松之盛)

似	蘭	斯	馨	如	松	之	盛
같을 사	난초 란	이 사	향기 형	같을 여	솔 송	갈 지	성할 성
じ	らん	し	けい	じょ にょ	しょう	し	じょう せい

☞사란사형하고 여송지성하니라

☞난초 향기와 비슷하고, 소나무가 다옥한 것과 같다.

字義(자의)

似 같을 사. 본뜰 사. 이을 사. 받들 사. 흉내 낼 사.
蘭 난초 란. 나라 이름 란. 목란 란. 난간 란.
斯 이 사. 곧 사. 쪼갤 사. 말 그칠 사. 어조사 사. 떠날 사.
馨 향기 형. 향내 멀리 날 형.
如 같을 여. 만약 여. 그러할 여. 어조사 여.
松 솔 송. 소나무 송. 향 풀 송.
之 갈 지. 이름 지. 이 지. 어조사 지. ~의 지. 이에 지.
盛 성할 성. 담을 성. 이룰 성. 많을 성. 그릇 성.

句解(구해)

似蘭斯馨(사란사형): 난초와 같이 향기가 멀리까지 풍긴다.
如松之盛(여송지성): 소나무와 같이 무성하다.

解說(해설)

　　≪孝經(효경)≫에는 "효도는 덕의 근본이니 여기에서 교육이 시작된다(夫孝者德之本也 教之所由生也 부효자덕지본야 교지소유생야)."고 했다. 덕은 난초와 같이 멀리까지 향기를 풍기고, 눈 위에서도 시들지 않는 송백과 같은 무성함이 있다. 꽃은 수수하지만 그윽한 향기가 멀리까지 퍼져 나가는 蘭(난)은 예로부터 君子(군자)의 德化(덕화)에 비겨졌고, 사시사철 늘 푸른 소나무는 군자의 꿋꿋한 절개에 비겨졌다. 그러므로 효자 된 명성은 마치 향기로운 난초와 같이 멀리까지 미치고, 나라를 위한 절개는 松柏(송백)처럼 雪中(설중)에서도 獨也靑靑(독야청청)하다고 한다.

'資父事君(자부사군)'부터 여기까지는 '忠孝(충효)'에 대해서 말하고 있다.

입신(立身)과 수양(修養)

35. 천류불식 연징취영(川流不息 淵澄取映)

川	流	不	息	淵	澄	取	映
내 천	흐를 류	아니 불	쉴 식	못 연	맑을 징	취할 취	비칠 영
せん	りゅう る	ふ ぶ	そく	えん	ちょう	しゅ	えい

☞천류불식하고 연징취영하니라
☞내는 흘러 쉬지 않고, 못물이 맑으면 비춰 봄을 얻을 수 있다.

字義(자의)

川 내 천. 굴 천. 물귀신 천.
流 흐를 류. 내릴 류. 내칠 류. 귀양 보낼 류. 근거 없을 류. 등급 류. 갈래 류. 핏줄 류.
不 아니 불. 않을 불. 뜻이 정하지 않을 부.
息 쉴 식. 그칠 식. 숨 쉴 식. 한숨 쉴 식. 자식 식. 이자 식.
淵 못 연. 깊을 연. 모래톱 연. 북소리 둥둥할 연.
澄 맑을 징. 술 이름 징.
取 취할 취. 거둘 취. 받을 취. 찾을 취. 빼앗을 취. 장가들 취. 들 취.
映 비칠 영. 빛날 영. 미시 영.

句解(구해)

川流不息(천류불식): 냇물은 쉬지 않고 흐른다. ≪論語(논어)≫ 子罕(자한)편에 "가는 것은 이와 같겠지, 밤낮을 가리지 않으니(逝者如斯夫 不舍晝夜 서자여사부 불사주야)."를 다시 쓴 말이다.
淵澄取映(연징취영): 연못은 맑아서 그림자를 비친다.

解說(해설)

　냇물은 흘러서 쉬지 않고, 깊은 못의 물은 맑디맑아서 속까지 비쳐 보인다. 공자는 냇물이 쉬지 않고 흐르는 것을 볼 때마다 "물이로다" 하고 탄식했다. 주야를 가리지 않고 흘러가는 냇물을 보며 인간이 저렇게 수양을 한다면 성인이 될 수가 있었을 것이라고 탄식했을 것이다. 작은 물줄기가 졸졸 흐르지만 쉬지 않고 흘러가므로 마침내 큰 강에 이르고 또 **大海**(대해)로 들어가는 것이다.

川流不息淵澄取暎

36. 용지약사 언사안정(容止若思 言辭安定)

容	止	若	思	言	辭	安	定
얼굴 용	그칠 지	같을 약	생각 사	말씀 언	말씀 사	편안 안	정할 정
よう	し	じゃく にゃく	し	げん ごん	じ	あん	じょう てい

☞용지는 약사하고 언사는 안정하라

☞매무새와 몸가짐을 마치 생각하는 듯하게, 말의 씀씀이는 안정되게 하라.

字義(자의)

容 얼굴 용. 모양 용. 쌀 용. 용납할 용. 용서할 용. 내용 용. 조사 용.
止 그칠 지. 말 지. 쉴 지. 살 지. 머무를 지. 거동 지. 어조사 지.
若 같을 약. 만약 약. 및 약. 너 약. 어조사 약.
思 생각 사. 생각할 사. 의사 사. 원할 사.
言 말씀 언. 말할 언. 한마디 언. 한 구절 언. 여쭐 언.
辭 말씀 사. 사례할 사. 사양할 사. 글 사. 감사할 사. 거절할 사. 타이를 사. 사퇴할 사.
安 편안할 안. 고요할 안. 즐거울 안. 무엇 안. 어찌 안.
定 정할 정. 바를 정. 편안할 정. 고요할 정. 그칠 정. 잘 정. 별 이름 정.

句解(구해)

容止(용지): 起居動作(기거동작)을 뜻한다. 容止(용지)라 하면 몸가짐, 곧 진퇴와 거동을 말한 것임.
若思(약사): 생각해 본다.
言辭(언사): 언설이니 말, 말씀을 뜻한다.
安定(안정): 편안하다.
言辭安定(언사안정): ≪禮記(예기)≫ 曲禮(곡례)편에 "말을 안정되게 해야만 백성을 편안히 다스릴 수 있다(安定辭 安民哉 안정사 안민재)."를 다시 쓴 것이다.

解說(해설)

進退擧動(진퇴거동)에 있어 항상 過失(과실)이 없기를 생각하고, 言辭(언사)는 緩急(완급)을 잘 살펴서 분명히 해야 한다.

37. 독초성미 신종의령 (篤初誠美 愼終宜令)

篤	初	誠	美	愼	終	宜	令
도타울 독	처음 초	정성 성	아름다울 미	삼갈 신	마칠 종	마땅 의	하여금 령
とく とっ	しょ	せい	び	しん	しゅう じゅう	ぎ	れい

☞독초는 성미하고 신종은 의령이라

☞처음에 온 힘을 쏟는 것이 참으로 아름답고, 끝맺음을 삼가면 마땅히 훌륭하게 될 것이다.

字義(자의)

篤 도타울 독. 병이 위독할 독. 말 걸음 느릴 독. 중할 독.
初 처음 초. 비롯할 초. 근본 초. 이전 초. 옛 초. 맨 앞 초.
誠 정성 성. 미쁠 성. 진실 성. 공경할 성.
美 아름다울 미. 예쁠 미. 좋을 미. 맛날 미.
愼 삼갈 신. 정성스러울 신. 고요할 신. 생각할 신.
終 마칠 종. 마침내 종. 마지막 종. 다할 종. 죽을 종. 끝 종.
宜 마땅할 의. 옳을 의. 유순할 의. 좋아할 의. 화목할 의.
令 하여금 령. 시킬 령. 가령 령. 명령할 령. 법률 령. 벼슬 이름 령.

句解(구해)

篤初誠美(독초성미): 처음을 돈독하게 하는 것은 참으로 훌륭한 일이다.
愼終宜令(신종의령): 마지막을 온전히 하도록 조심하는 것이 마땅하다.

解說(해설)

  시초를 돈독하게 함은 참으로 아름다운 일이나, 결말을 온전히 마무리하도록 마땅히 경계해야 한다. 자기 일을 잘하는 사람은 무슨 일에서나 始終(시종)을 온전히 할 것이다. 이런 사람이 有德(유덕)한 선비요 또한 지혜로운 사람이라 할 것이다. 그러나 사람의 일이란 시작은 있어도 끝이 없는 경우가 매우 많다. "아아, 끝맺음을 삼가기를 시작할 때처럼 하라(嗚呼愼厥終惟其始 오호신궐종유기시)."는 선인의 탄식을 되새겨 봐야 할 것이다.

38. 영업소기 자심무경(榮業所基 籍甚無竟)

榮	業	所	基	籍	甚	無	竟
영화 영	일 업	바 소	터 기	떠들썩할 자	심할 심	없을 무	마칠 경
えい	ぎょう	しょ じょ	き	せき	じん	む/ぶ	きょう

☞영업은 소기요 자심무경이니라
☞영광된 사업에는 기인하는 바가 있게 마련이고, 세상에 떠들썩하게 퍼져 끝이 없을 것이라.

字義(자의)

榮 영화 영. 꽃다울 영. 무성할 영. 명예 영. 오동나무 영. 피 영.
業 일 업. 업 업. 일할 업. 위태할 업. 벌써 업. 처음 업. 이미 업. 공경할 업.
所 바 소. 것 소. 곳 소. 쯤 소. 가질 소. 얼마 소.
基 터 기. 근본 기. 업 기. 웅거할 기.
籍 떠들썩할 자. 깔 자. 왁자할 자. 핑계할 자. 자자할 자. 호적 적. 성할 적. 문서 적.
甚 심할 심. 몹시 심. 더욱 심. 무엇 심. 심히 심.
無 없을 무. 아닐 무. 말 무. 빌 무. 풀이름 무.
竟 마칠 경. 그칠 경. 다할 경. 끝날 경. 즈음 경. 필경 경.

句解(구해)

榮業(영업): 영화와 사업. 영화가 있는 사업. 여기서 榮業(영업)이라고 한 것은 귀한 관직, 곧 顯職(현직)을 말한 것임.
所基(소기): 기인하는 바.
籍甚(자심): 세상에 널리 퍼지다.
無竟(무경): 경계가 없다. 끝이 없다. 무궁하다.

解說(해설)

　영광스런 사업을 성취하는 일은 어렵고도 험한 길을 거쳐야 이룰 수 있다. 그리고 성취에는 기인하는 바가 있게 마련이며, 그래야만 명성이 널리 퍼져 후세에까지 그칠 줄을 모르는 것이다. 모든 언행을 삼가고 구차함이 없이 지성으로 일관하여 시종 착하고 아름답게 하는 것이 영달의 기인인 것이다. 이러한 기인이 있으면 출세는 저절로 이루어진다. 또 그런 사람이라야 후세에 이르기까지 굳건히 영광스런 사업을 지켜 갈 것이다.

榮　業　所　基　籍　甚　無　竟

39. 학우등사 섭직종정(學優登仕 攝職從政)

學	優	登	仕	攝	職	從	政
배울 학	넉넉할 우	오를 등	벼슬 사	쥘 섭	벼슬 직	좇을 종	정사 정
がく	ゆう	とう と	し	せつ	しょく じょく	じゅう しょう	しょう せい

☞학우면 등사하고 섭직종정하니라
☞배운 것이 넉넉하면 벼슬에 오를 수 있고, 직분을 맡아 정사에 참여한다.

字義(자의)

學 배울 학. 글방 학. 공부 학.
優 넉넉할 우. 화할 우. 아양 우. 나을 우. 이길 우. 광대 우. 광대놀이 우. 뛰어날 우.
登 오를 등. 나아갈 등. 벼슬에 오를 등. 담쌓는 소리 등. 많을 등. 무리 등. 올릴 등.
仕 벼슬 사. 벼슬할 사. 배울 사. 섬길 사. 살필 사.
攝 쥘 섭. 겸할 섭. 꾸일 섭. 끝 섭. 항복할 섭. 거느릴 섭. 겸할 섭. 낄 섭.
職 벼슬 직. 맡을 직. 직분 직. 주장할 직. 구실 직.
從 좇을 종. 따를 종. 말들을 종. 부터 종. 친척 종. 거느릴 종. 버금 종.
政 정사 정. 바르게 할 정. 조세 정. 법 정. 바로잡을 정.

句解(구해)

學優登仕(학우등사): 학식이 뛰어나면 벼슬에 오른다.
攝職從政(섭직종정): 직권을 갖고 정치에 참여하다. 여기서 攝職(섭직)이라 한 것은 職務(직무), 곧 맡은 직분을 손에 쥐고 다스린다는 뜻임.

解說(해설)

　배우고 여유가 있으면 벼슬길에 올라, 직책을 갖고 정치에 종사할 수 있다. ≪論語(논어)≫ 子張(자장)편에 보면 "자하는 말하기를, 배워서 실력이 우수하면 벼슬할 수가 있다고 했다(子夏曰 仕而優則學 學而優則仕 자하왈 사이우즉학 학이우즉사)."라는 말이 있다. 그러나 아무리 잘 배워서 실력이 뛰어나다 하더라도 덕행이 따르지 않으면 아니 된다. 덕이 없으면 사리사욕을 채우는 데 재주를 쓰기 때문에 우리 사회에 보탬이 되지 않는다.

40. 존이감당 거이익영 (存以甘棠 去而益詠)

存	以	甘	棠	去	而	益	詠
있을 존	써 이	달 감	아가위 당	갈 거	말 이을 이	더할 익	읊을 영
そん ぞん	い	かん	とう	きょ こ	じ	えき やく	えい

☞존이감당하라 거이익영하리니
☞이 팥배나무를 남겨두라, 떠난 뒤 더욱 기려서 읊는다니.

字義(자의)

存 있을 존. 보존할 존. 존문할 존. 살필 존. 편안할 존.
以 써 이. 할 이. 까닭 이. 함께 이. 쓸 이.
甘 달 감. 맛날 감. 마음 상쾌할 감. 느슨할 감.
棠 아가위 당. 산앵두나무 당. 팥배나무 당.
去 갈 거. 버릴 거. 도망할 거. 예전 거. 덜 거. 쫓을 거. 과거 거.
而 말 이을 이. 어조사 이. 또 이. 이에 이. 너 이. 같을 이.
益 더할 익. 나아갈 익. 더욱 익. 넉넉할 익. 괘 이름 익. 이로울 익. 많을 익.
詠 읊을 영. 시가 영.

句解(구해)

存以甘棠(존이감당): 살아서는 감당나무를 보존하였다.
去而益詠(거이익영): 죽어서는 시로 더욱 노래 불렀다.

解說(해설)

　　《詩經(시경)》 甘棠(감당)편을 다시 쓴 것이다. 주나라 召公(소공) 奭(석)이 南巡(남순)할 때 民弊(민폐)를 염려한 나머지 甘棠樹(감당수) 아래 머물며 백성들 아픈 곳을 잘 어루만져 주었으니, 그가 죽은 다음 백성들이 甘棠篇(감당편)이라는 추모시를 지어 덕을 기렸다. 백성들은 그가 살아 있을 때는 甘棠樹(감당수)를 보존하여 기념하였고, 그가 세상을 떠난 후에는 그의 善政(선정)을 찬미하여 詩(시)로 더욱 읊었다. 소공석은 학문이 뛰어나 벼슬길에 오르고 높은 덕을 지녀서 빛나는 이름을 영원히 남기게 되었다. 위정자는 흔히 역사의 심판을 받게 되므로 시간이 많이 흐른 뒤에 제대로 된 평가가 나오게 마련이지만 소목공은 살아 있을 적부터 칭송되었다.

41. 악수귀천 예별존비(樂殊貴賤 禮別尊卑)

樂	殊	貴	賤	禮	別	尊	卑
음악 악	다를 수	귀할 귀	천할 천	예도 례	다를 별	높을 존	낮을 비
らく がく	じゅ しゅ	き	せん	らい れい	べつ	そん ぞん	ひ び

☞락은 수귀천하고 예는 별존비하니라
☞음악은 귀하거나 천한 신분에 따라 달리하고, 예도는 윗사람과 아랫사람을 가린다.

字義(자의)

樂 즐거울 락. 즐길 락. 풍류 악. 음악 악. 좋아할 요.
殊 다를 수. 지나갈 수. 베일 수. 뛰어날 수. 결심할 수.
貴 귀할 귀. 높을 귀. 귀히 여길 귀.
賤 천할 천. 흔할 천. 첩 천. 낮을 천.
禮 예도 례. 절 례. 인사 례. 예우할 예. 예물 예.
別 다를 별. 나눌 별. 분별할 별. 가를 별. 이별할 별. 영결할 별. 차이 별.
尊 높을 존. 어른 존. 공경할 존. 높일 존. 술 준.
卑 낮을 비. 낮게 여길 비. 천할 비. 하여금 비. 작을 비. 산 이름 비.

句解(구해)

樂殊貴賤(악수귀천): 음악도 귀천을 달리한다. 사람이 귀하고 천함에 따라 악으로 접대할 때 차별을 두어 한다는 말이다.
禮別尊卑(예별존비): 예절에도 신분의 귀천에 따라 다름이 있다는 뜻이다. 선왕이 다섯 가지 예를 정하여 서로 높고 낮음을 정하였다.

解說(해설)

　풍류도 귀천에 따라 정도를 달리했고, 예의도 역시 높고 낮음을 구별하도록 했다. 옛날에는 나라의 질서를 세우는 데 귀천의 구별을 엄히 했고, 심지어 음악이나 廟(묘)에까지도 제도가 분명하였다. 신분과 질서를 엄하게 하는 것이 봉건제도의 특징인 것이다.

42. 상화하목 부창부수(上和下睦 夫唱婦隨)

上	和	下	睦	夫	唱	婦	隨
위 상	화할 화	아래 하	화목할 목	지아비 부	부를 창	지어미 부	따를 수
しょう じょう	わ	か げ	ぼく	ふ/ぶ ふう	しょう	ふ/ぶ	ずい

☞상화하목하고 부창부수하니라
☞위에서 따사로워야 아래에서 화목하고, 지아비가 이끌면 지어미는 따른다.

字義(자의)

上 위 상. 높을 상. 바깥 상. 임금 상. 뛰어나서 좋을 상. 오를 상. 드릴 상.
和 온화할 화. 화목할 화. 응할 화. 화할 화. 순할 화. 알맞을 화. 사이좋을 화. 화답할 화. 곡조 화. 섞을 화.
下 아래 하. 밑 하. 낮을 하. 떨어질 하. 내릴 하. 낮출 하.
睦 화목할 목. 공경할 목. 친할 목. 성 목.
夫 지아비 부. 사내 부. 선생 부. 대저 부. 저 부.
唱 부를 창. 노래할 창. 인도할 창.
婦 지어미 부. 아내 부. 여자 부. 며느리 부. 암컷 부. 예쁠 부.
隨 따를 수. 괘 이름 수. 나라 이름 수. 맡길 수. 발 수.

句解(구해)

上和下睦(상화하목): 윗사람이 온화해야 아랫사람도 화목하다.
夫唱婦隨(부창부수): 지아비가 先導(선도)하면 지어미는 좇는다.

解說(해설)

　위에 있는 자가 사랑하여 가르쳐 주는 것을 和(화)라고 하고 아래에 있는 자가 공손하여 예를 다하는 것을 睦(목)이라 한다. 위에 있는 사람이 온화하게, 눈길을 부드럽게 하여 아랫사람을 대하면 아랫사람은 자연히 화목하게 되고 또한 윗사람을 공경하게 된다. 부부의 관계도 마찬가지이다. 남편이 의로써 선도하면 아내는 유순한 태도로 따르게 마련이다. 인간사회의 상하관계와 집안의 부부관계에 대해 말한 대목이다.

上 和 下 睦 夫 唱 婦 隨

43. 외수부훈 입봉모의(外受傳訓 入奉母儀)

外	受	傅	訓	入	奉	母	儀
밖 외	받을 수	스승 부	가르칠 훈	들 입	받을 봉	어미 모	거동 의
がい げ	じゅ	ふ	くん	につ にゅう	ほう ぼう	ぼ	ぎ

☞외수부훈하고 입봉모의하니라
☞밖에 나가서는 스승 가르침을 받고, 들어와서는 어미 몸가짐을 받든다.

字義(자의)

外 밖 외. 바깥 외. 겉 외. 멀리할 외. 다른 외. 다른 나라 외.
受 받을 수. 이을 수. 얻을 수. 담을 수. 용서할 수. 어조사 수.
傅 스승 부. 붙을 부. 돌볼 부. 도울 부. 가까울 부. 가깝게 할 부. 수표 부.
訓 가르칠 훈. 거역하지 않을 훈. 주낼 훈. 뜻 일러줄 훈. 따를 훈.
入 들 입. 넣을 입. 받을 입. 들일 입. 해칠 입.
奉 받들 봉. 드릴 봉. 높일 봉. 봉양할 봉. 기다릴 봉. 살아갈 봉. 녹 봉. 바칠 봉.
母 어미 모. 어머니 모. 장모 모. 암컷 모. 모체 모.
儀 거동 의. 꼴 의. 형상 의. 짝 의. 좋을 의. 본뜰 의. 법도 의. 渾天儀(혼천의) 의.

句解(구해)

外受傳訓(외수부훈): 밖에서는 스승의 가르침을 받는다.
入奉母儀(입봉모의): 들어와서는 어머니의 법도를 받든다. 여기서 儀(의)는 儀表(의표), 곧 동작과 거동을 뜻함.

解說(해설)

　성장하면 밖에서는 스승의 가르침을 받고, 집에 돌아와서는 어머니의 거동을 본받는다. 어머니는 여기에서 가정으로 보면 된다. 남자는 10세가 되면 바깥으로 나가 스승에게서 배우고, 여자는 10세가 되면 밖에 나가지 않고 집안에서 가르침을 듣는다는 말이다. ≪후한서≫ 郭皇后記(곽황후기)에 보면 "光武(광무)의 이름은 聖通(성통)으로서 공왕의 딸과 혼인을 했는데, 그 여자를 郭主(곽주)라고 칭하였고 후일에 皇后(황후)가 되었으며 아들 況(황)을 낳았다. 곽주는 비록 왕가의 딸이나 예를 좋아하여 절약하고 검소하니 어머니로서 본받을 만한 덕이 있었다."라고 했다.

44. 제고백숙 유자비아(諸姑伯叔 猶子比兒)

諸	姑	伯	叔	猶	子	比	兒
모두 제	시어미 고	맏 백	아재비 숙	같을 유	아들 자	견줄 비	아이 아
しょ	こ	はく	しゅく	ゆう	し/じ	ひ/び	じ/に

☞제고백숙은 유자비아하며

☞모든 고모, 큰아버지, 삼촌들은, 조카를 자기 자식처럼 여기고 자기 아이처럼 다정하게 대해야 하며,

字義(자의)

諸 모두 제. 모을 제. 말 잘할 제. 옷 이름 제. 여러 제. 어조사 제.
姑 시어미 고. 고모 고. 시누이 고. 장모 고. 아직 고. 별 이름 고. 잠시 고.
伯 맏 백. 백부 백. 형 백. 벼슬 이름 백. 백작 백(공후백자남 중에서 제3위).
叔 아재비 숙. 삼촌 숙. 시동생 숙. 끝 숙. 콩 숙. 성 숙.
猶 같을 유. 오히려 유. 말미암을 유. 가히 유. 머뭇거릴 유. 느릿느릿할 유. 어미원숭이 유.
子 아들 자. 자식 자. 새끼 자. 종자 자. 씨 자. 당신 자. 어르신네 자. 임자 자. 자네 자. 자작 자(공후백자남 중 제4위). 첫째지지 자. 하오 열두 시 자. 쥐 자.
比 견줄 비. 비교할 비. 이웃 비. 고를 비. 어우를 비. 편벽될 비. 차례 필.
兒 아이 아. 아기 아. 어른에 대하여 하는 자칭 아. 어릴 예. 성 예.

句解(구해)

諸姑伯叔(제고백숙): 모든 고모, 백부, 숙부. 伯叔(백숙)은 伯仲叔季(백중숙계)이다.
猶子比兒(유자비아): 고모, 백부, 숙부는 조카를 아들과 같이 대하고 자기 아이에 비긴다. 猶子(유자)는 조카이고 比兒(비아)는 자기 자식에 비긴다는 말이다.

解說(해설)

　고모와 백부와 숙부는 모두 아버지의 형제자매이다. 또 조카는 형제의 자식이니 친자식같이 사랑하여야 한다. 《禮記(예기)》 檀弓(단궁)篇(편)에 보면 "喪服(상복)에 형제의 아들을 자기의 자식과 같이 취급한 것은 대개 조카를 가장 가깝게 여겼기 때문이다(喪服兄弟之子 猶子也 蓋引而近之也 상복형제지자 유자야 개인이근지야)."라는 구절이 있다. 조카는 자기 자식과 같은 血緣(혈연)이다. 위 구절은 부부관계에서 발전한 형제, 숙질간의 애정에 대해 밝혔다. 요즘은 친척 간의 관계가 예전보다 느슨해진 측면이 있다.

45. 공회형제 동기련지(孔懷兄弟 同氣連枝)

孔	懷	兄	弟	同	氣	連	枝
매우 공	그리울 회	맏 형	아우 제	같을 동	기운 기	이을 련	가지 지
こう	かい	きょう けい	だい で でい	どう	き/け	れん	し

☞공회는 형제이고 동기는 연지니라
☞몹시 그리워 형제를 잊지 못하니, 같은 기운을 받아 이어진 가지와 같기 때문이다.

字義(자의)

孔 구멍 공. 매우 공. 심히 공. 빌 공. 통할 공. 성 공.
懷 품을 회. 생각할 회. 편안할 회. 품 회. 사사 회. 쌀 회. 성 회.
兄 맏 형. 어른 형. 클 황.
弟 아우 제. 동생 제. 공경 제. 순할 제.
同 같을 동. 한가지 동. 무리 동. 가지런히 할 동. 화할 동. 같이할 동.
氣 기운 기. 날씨 기. 기후 기. 숨 기. 공기 기. 생기 기. 정기 기.
連 이을 련. 연할 련. 머무를 련. 살붙이 련. 열나라 연.
枝 가지 지. 팔다리 지. 흩어질 지. 버틸 지. 손마디 지.

句解(구해)

孔懷兄弟(공회형제): 간절히 형제를 그리워하다.
同氣連枝(동기연지): 한 핏줄 친척인 형제는 연이어진 나뭇가지이다. 형제는 동기간이다.

解說(해설)

　깊이 생각해 주는 형제는 기운이 같고 가지가 이어졌다. 가장 가깝게 사랑하여 잊지 못하는 것은 형제간이니, 동기란 원래 한 나무에서 가지가 나누어진 것이다. 형제간이란 곧 동기간이라는 말이다.

孔 懷 兄 弟 同 氣 連 枝

46. 교우투분 절마잠규(交友投分 切磨箴規)

交	友	投	分	切	磨	箴	規
사귈 교	벗 우	던질 투	나눌 분	끊을 절	갈 마	경계 잠	법 규
こう	ゆう	とう	ぶん / ふん	さい / せつ	ま	しん	き / ぎ

☞교우에 투분하고 절마잠규하라

☞벗을 사귀되 제 몫을 던질 수 있어야 하며, 절차탁마하고 바른말로 잡아 줘야 한다.

字義(자의)

交 사귈 교. 벗할 교. 서로 주고받을 교. 바꿀 교. 흘레할 교. 엇갈릴 교.
友 벗 우. 친구 우. 우애 우.
投 던질 투. 버릴 투. 줄 투. 의탁할 투. 맞을 투. 여기서는 投合(투합)이라는 의미로 서로 정의를 다해서 사귄다는 뜻임.
分 나눌 분. 분별할 분. 나누어 줄 분. 분수 분. 지위 분. 직분 분. 몫 분. 춘분 분. 푼 푼. 여기서는 情分(정분)이라는 뜻으로 썼음.
切 끊을 절. 저밀 절. 새길 절. 정성스러울 절. 간절할 절. 대강 체. 온통 체.
磨 갈 마. 맷돌 마. 숫돌 마. 만질 마. 돌 마. 여기서는 절마라고 해서 학문과 덕행을 닦는다는 뜻임.
箴 경계 잠. 바늘 잠. 돌침 잠. 한문 문체의 하나.
規 법 규. 그림쇠 규. 발릴 규. 계교할 규. 간할 규. 꾀 규. 새 이름 규. 여기서 箴規(잠규)라는 것은 바른길로 나가도록 경계한다는 말임.

句解(구해)

交友(교우): 벗을 사귐.
投分(투분): 정분을 내어 맡긴다. '投分(투분)'은 '정분을 함께 나눈다'는 말이지만, 본디 뜻은 '제 몫을 던진다'는 말임. 서로 도움을 주고 도움을 받는 사이.
切磨(절마): 切磋琢磨(절차탁마). '切磨(절마)'는 '切磋琢磨(절차탁마)'의 줄임말. '깎고, 갈고, 쪼이고, 간다'는 뜻으로, 切磋(절차)는 學問(학문)을 말함이요, 琢磨(탁마)는 修養(수양)을 말하는 것이다. 참된 벗과 사귀며 절차하고 탁마해야 인격 완성에 이를 수 있다는 것이다.
箴規(잠규): 경계하여 바른길로 나가도록 신칙한다.

解說(해설)

이 절은 朋友之道(붕우지도)를 논했다. 벗을 사귀는 데는 분수를 지켜 義氣(의기)가 投合(투합)하여야 하고, 벗은 義理(의리)로 합하였으므로 붕우 간에는 정분을 의탁한다. 아울러 학문과 덕행을 함께 갈고 닦으며, 또 서로서로 경계하고 간한다. 교우의 眞髓(진수)는 따뜻한 애정을 갖는 동시에 서로 경계하여 바로잡아 주어야 하는 데 있다.

47. 인자은측 조차불리 (仁慈隱惻 造次弗離)

仁	慈	隱	惻	造	次	弗	離
어질 인	사랑 자	불쌍할 은	슬플 측	지을 조	버금 차	아닐 불	떠날 리
じん にん	じ	いん おん	そく	ぞう	じ/し	ふつ	り

☞인자은측은 조차에도 불리하라
☞어질고 사랑하며 안쓰럽게 여기는 마음은 잠깐이라도 떠나보내서는 아니 된다.

字義(자의)

仁 어질 인. 착할 인. 사람됨의 근본 인. 동정할 인. 덕 있는 사람 인. 사람 인. 열매씨 인.
慈 사랑 자. 착할 자. 부드러울 자. 어머니 자. 불쌍히 여길 자. 예쁠 자.
隱 숨을 은. 불쌍히 여길 은. 속 걱정할 은. 은미할 은. 음흉할 은.
惻 슬플 측. 불쌍히 여길 측. 아플 측.
造 지을 조. 만들 조. 처음 조. 나아갈 조. 잠깐 조. 시작할 조.
次 버금 차. 차례 차. 이를 차. 장막 차. 갑자기 차. 곳 차. 행차 차. 여기서 造次(조차)는 잠깐 동안이라는 것임.
弗 아닐 불. 말 불. 어길 불. 버릴 불. 대개 不(불)보다 더 강한 의미로 쓰임.
離 떠날 리. 떨어질 리. 지날 리. 베풀 리. 떠돌아다닐 리. 아름다움 리. 반벙어리 리.

句解(구해)

仁慈(인자): 인후하고 자애로운 것.
隱惻(은측): 측은히 생각하는 마음. 惻隱之心(측은지심). 隱惻(은측)이라고 쓴 것은 惻隱(측은)이나 마찬가지로 딱하고 가엾게 여기는 마음을 말한 것임.
造次(조차): 잠시 동안. 눈 깜짝할 사이.
弗離(불리): 떠나서는 안 된다.

解說(해설)

　　≪論語(논어)≫ 里仁(이인)편에 나오는 "군자는 밥 먹기를 끝내는 동안에라도 인자함을 어기는 일이 없어야 할 것이니, 아주 급한 때라도 꿋꿋이 인자해야 하고, 엎어지고 자빠지더라도 또한 그래야 한다(君子無終食之間違仁 造次必於是 顚沛必於是 군자무종식지간 위인 조차필어시 전패필어시)."를 다시 쓴 말이다. 仁(인)이란 '사람다운 심성'을 가리키고, '사람다운 심성'이란 남을 측은히 여기고 그의 인격을 존중하여 자신의 욕망과 충동을 자연스럽게 억제하는 착한 마음씨이다.

이 인은 유교에서 말하는 인간의 이상적 본질과 속성으로, 인간에게 가장 중요한 덕목이며 근본적인 가치이다. 그리고 이 인은 사람에게만 적용되는 것이 아니고 자연의 모든 생명체에 적용된다. 사람이라면 누구나 그 마음속에 인자한 마음과 남을 불쌍히 여기는 마음, 연민하는 마음을 항상 지니고 있어야 한다.

48. 절의렴퇴 전패비휴(節義廉退 顚沛匪虧)

節	義	廉	退	顚	沛	匪	虧
마디 절	옳을 의	청렴 렴	물러갈 퇴	엎드러질 전	자빠질 패	아닐 비	이지러질 휴
せつ	ぎ	れん	たい	てん	はい	ひ	き

☞절의와 염퇴는 전패로 비휴하라

☞절개, 의리, 청렴, 용퇴라는 덕목은 엎어지고 자빠지는 순간에도 이지러져서는 아니 된다.

字義(자의)

節 마디 절. 절개 절. 절제할 절. 때 절. 풍류가락 절. 구절 절. 예절 절. 병부 절. 높을 절.

義 옳을 의. 의리 의. 뜻 의.

廉 청렴 렴. 맑을 렴. 조촐할 렴. 검소할 렴. 값쌀 렴. 날카로울 렴. 살필 렴.

退 물러갈 퇴. 갈 퇴. 겸양할 퇴. 물리칠 퇴. 여기서 廉退(염퇴)라 쓴 것은 名利(명리)를 탐하지 않고, 불의의 물건을 취하지 않고, 물러가서 지키는 것을 뜻함.

顚 뒤집힐 전. 거꾸로 할 전. 엎드러질 전. 이마 전. 꼭대기 전. 비뚜름할 전.

沛 자빠질 패. 비 쏟아질 패. 점잖을 패. 클 패. 늪 패. 패수 패. 고을 이름 패. 顚沛(전패)란 자빠지고 엎어지는 것을 말함.

匪 아닐 비. 악할 비. 대상자 비. 비적 비. 나눌 분. 非(비)와 같음.

虧 이지러질 휴. 덜릴 휴. 여기서는 없다는 뜻으로 쓰였음.

句解(구해)

節義(절의): 절조를 지키고 의리를 세운다. 義理(의리)는 옳은 일이나 道義(도의)라는 뜻이다.

廉退(렴퇴): 청렴하게 지내고 물러날 때 깨끗이 물러남. 淸廉謙退(청렴겸퇴)

解說(해설)

　절의와 淸廉謙退(청렴겸퇴)는 엎어지고 자빠지는 순간에도 이지러질 수 없는 것이다. 본 절에서 절의는 절개와 의리이다. 청렴겸퇴는 청렴하게 생활하고 물러날 때가 되면 과감히 물러나는 일이다. 이 절의와 청렴겸퇴는 어떤 일이 있더라도 잠시라도 잊어서는 안된다는 점을 力說(역설)하고 있다. 뜻이 있는 선비는 절개를 지키고 의리를 좇으며 청렴결백하여 이익을 멀리하고 물러날 때가 되면 미련 없이 떠나야 한다는 말이다. 세상 사람들은 이러한 처신을 明快(명쾌)하다고 평가한다.

49. 성정정일 심동신피(性靜情逸 心動神疲)

性	靜	情	逸	心	動	神	疲
성품 성	고요할 정	뜻 정	편안할 일	마음 심	움직일 동	귀신 신	고달플 피
しょう じょう せい	じょう せい	じょう ぜい	いつ いち	しん じん	どう	しん じん	ひ

☞성정하면 정일하고 심동하면 신피하니라

☞마음 바탕이 고요하면 정서가 푸근하고, 마음이 흔들리면 정신이 고달파진다.

字義(자의)

性 성품 성. 성질 성. 마음 성. 바탕 성. 색욕 성.
靜 고요할 정. 조용할 정. 꾀할 정. 편안할 정. 쉴 정. 깨끗할 정.
情 뜻 정. 실상 정. 마음속 정. 정성 정. 인정 정. 멋 정.
逸 편안할 일. 놓일 일. 숨을 일. 허물 일. 뛰어날 일. 달아날 의.
心 마음 심. 가운데 심. 염통 심. 근본 심. 가슴 심. 별 이름 심.
動 움직일 동. 지을 동. 감응 동. 마음 진정되지 않을 동. 난리 동. 행동 동. 동물 동.
神 귀신 신. 정신 신. 천신 신. 하느님 신. 영검할 신. 신명 신. 신통할 신. 정기 신. 신통할 신.
疲 고달플 피. 피곤할 피. 느른할 피. 나른할 피. 야윌 피.

句解(구해)

性靜(성정): 성품이 고요하다.
情逸(정일): 감정이 편안하다.
心動神疲(심동신피): 마음이 동요되면 정신이 피로해진다.

解說(해설)

　사람의 성품이 고요하면 느낌이 편안하고, 마음이 동요하면 정신이 지쳐 버린다.

우리 인간은 성품이 변질되지 않았을 때 자연히 마음도 편안함을 느끼게 된다. ≪禮記(예기)≫에 "사람이 나서 고요해지는 것은 하늘의 성품이요, 사물에 감동되어 움직이는 것은 성품의 욕심이라(人生而靜 天之性也 感於物而動性之欲也 인생이정 천지성야 감어물이동성지욕야)."는 구절이 있다.

사람이 태어나 고요할 때는 본성이 그대로 살고 사물에 감동되어 움직이게 되면 정이 생긴다. 마음은 사물을 만날 때마다 흔들리기 쉽다. 요컨대 타고난 성품을 유지하면서 마음이 꿋꿋하면 안정을 얻는다.

50. 수진지만 축물의이(守眞志滿 逐物意移)

守	眞	志	滿	逐	物	意	移
지킬 수	참 진	뜻 지	찰 만	쫓을 축	만물 물	뜻 의	옮길 이
しゅ じゅ/す	しん	し	まん	ちく	ぶつ もつ	い	い

☞수진하면 지만하고 축물하면 의이하니라
☞진실함을 지키면 뜻이 가득해지고, 물욕을 좋아가면 생각이 이리저리 움직이게 된다.

字義(자의)

守 지킬 수. 보살필 수. 원 수. 서리 수. 기다릴 수.
眞 참 진. 정신 진. 초상 진. 천진 진. 근본 진. 진서 진. 하늘 진.
志 뜻 지. 뜻할 지. 기록할 지. 원할 지. 희망할 지. 기억할 지.
滿 찰 만. 가득할 만. 넘칠 만. 교만할 만.
逐 쫓을 축. 물리칠 축. 다툴 축.
物 만물 물. 물건 물. 일 물. 무리 물. 재물 물.
意 뜻 의. 뜻할 의. 생각 의. 의리 의. 형세 의. 헤아릴 의.
移 옮길 이. 변할 이. 모낼 이.

句解(구해)

守眞(수진): 진실함을 지킨다.
志滿(지만): 뜻이 가득 차 넘친다.
逐物意移(축물의이): 물욕을 좇으면 생각도 옮기게 된다.

解說(해설)

　　진실함을 지키면 의지가 충만해지고, 물욕에 따르면 마음은 이리저리로 옮겨 정착할 줄 모른다. 참된 것은 도이니 마음이 도를 지키면 마음과 몸이 깨끗하고 밝아서 집착이 사라진다. 그러나 마음이 도를 지키지 못하는 사람들은 聲色(성색), 즉 女色(여색)이나 財利(재리) 같은 여러 가지 욕심에 마음이 움직여서 자기의 타고난 성품을 잃게 된다. 결국 마음은 정착할 줄 모르고 방황하게 되는 것이다. 마음이 虛浪放蕩(허랑방탕)하게 놀다가 氣盡(기진)하면 자신도 모르는 사이에 정신적, 육체적인 病(병)이 찾아올 수도 있다.

51. 견지아조 호작자미(堅持雅操 好爵自縻)

堅	持	雅	操	好	爵	自	縻
굳을 견	가질 지	바를 아	잡을 조	좋을 호	벼슬 작	스스로 자	얽어맬 미
けん	じ	が	そう	こう ごう	しゃく	し/じ	び

☞견지아조하면 호작자미니라
☞고아한 지조를 굳건히 지니면 좋은 벼슬이 저절로 굴러온다.

字義(자의)

堅 굳을 견. 굳셀 견. 변하지 않을 견. 반드시 견. 강할 견.
持 가질 지. 잡을 지. 지킬 지. 물지게 지.
雅 바를 아. 떳떳할 아. 거동 아. 맑을 아. 악기 이름 아.
操 잡을 조. 움켜쥘 조. 조종할 조. 지조 조. 풍치 조. 가락 조. 곡조 조. 부릴 조.
好 좋을 호. 아름다울 호. 좋아할 호. 친할 호. 사랑할 호. 사귈 호. 심할 호.
爵 벼슬 작. 작위 작. 봉할 작. 술잔 작. 벼슬 줄 작. 참새 작(雀작과 통용)
自 스스로 자. 몸소 자. 부터 자. 좇을 자. 저절로 자.
縻 얽어맬 미. 소고삐 미. 맬 미. 끈 미.

句解(구해)

堅持(견지): 굳게 지킨다.
雅操(아조): 올바른 節操(절조).
好爵自縻(호작자미): 높은 爵位(작위)는 저절로 얽히어 이른다.

解說(해설)

　　사람이 견고한 지조를 갖고 있으면 높은 爵位(작위)는 스스로 얽히어 이른다. 높은 道(도)와 德(덕)을 쌓으면 지조 있는 삶을 살게 되고 그러한 생활이 일관되면 군자가 되는 것이다. 도덕을 쌓고 修身(수신)을 올바르게 하면 덕이 높은 군자가 된다. 군자는 곧 사회와 나라에 쓰임이 있고, 인덕이 있어서 사람들이 저절로 모여든다. 그리고 자연히 출세의 길도 따라오게 되어 있다. 군자가 출세를 지향하여 사는 것은 아니지만 일관된 삶 속에서 저절로 이루어진다는 말이다.

堅持雅操　好爵自縻

수도의 제도와 규모

52. 도읍화하 동서이경(都邑華夏 東西二京)

都	邑	華	夏	東	西	二	京
도읍 도	고을 읍	빛날 화	여름 하	동녘 동	서녘 서	두 이	서울 경
ず/つ/と	おう ゆう	か/け	か/げ	とう	さい せい	に	きょう きん けい

☞도읍화하는 동서이경이니
☞중국의 도읍지 화하는 동경과 서경 둘로 되었으니,

字義(자의)

都 도읍 도. 모두 도. 거할 도. 성할 도. 모일 도.
邑 고을 읍. 흑흑 느낄 읍. 답답할 읍. 영유할 읍.
華 빛날 화. 영화 화. 쪼갤 화. 꽃필 화. 겉모양미 화. 나라 이름 화. 花(화)의 古字(고자).
夏 여름 하. 나라 하. 하나라 하. 클 하. 화하라는 이름은 중국 사람들이 자기 나라를 자랑으로 일컫는 말.
東 동녘 동. 오른쪽 동. 봄 동.
西 서녘 서.
二 두 이. 둘이. 풍신 이. 같을 이. 두마음 이. 둘로 나눌 이. 거듭 이.
京 서울 경. 클 경. 수 이름 경. 곳집 경. 언덕 경.

句解(구해)

都邑(도읍): 都(도)는 군주들이 선조를 제사 지내는 종묘의 소재지이고, 읍은 사방 500리 땅의 구획이다. 도읍은 나라의 수도를 뜻한다.
華夏(화하): 화는 영화롭다는 말이고 夏(하)는 하나라, 중국을 나타낸다. 영화로운 중국이니 지금의 '중화민국'과 같은 뜻이다.
東西二京(동서이경): 동과 서로 두 도읍이 있다는 뜻이다. 동쪽에는 周(주)나라 成王(성왕)이 비로소 도읍을 정하여 이곳을 東都(동도)라고 했고, 또 成周(성주)라고 불렀다. 그 후 후한 때 光武(광무)가 역시 그곳에 도읍을 정한 뒤로부터 洛陽(낙양) 또는 東京(동경)이라고 불렀다. 또 서쪽의 長安(장안)에는 前漢(전한) 때 古祖(고조) 劉邦(유방)이 도읍을 정하고 西京(서경)이라고 불렀다.

解說(해설)

본 절에서는 황제의 도읍지가 광대한 규모를 갖추었음을 말한 것이다. 화하의 도읍에는 동서로 이경이 있다.

동경은 낙양이고 서경은 장안이다. 수도는 일국 문화의 淵源(연원)이다. 또 예로부터 중국은 자기 나라의 국명을 中國(중국), 中華(중화), 華夏(화하)라고 부르며 세계의 대국이자 이 세상의 중심임을 자랑했으며, 정제된 제도와 웅대한 규모를 갖추고 있었다.

53. 배망면락 부위거경(背邙面洛 浮渭據涇)

背	邙	面	洛	浮	渭	據	涇
등 배	뫼 망	낯 면	물 락	뜰 부	물이름위	의지할거	물이름경
はい	ぼう	めん	らく	ふ	い	きょ	けい

☞배망면락하고 부위거경하니라
☞낙양은 북망산을 등 뒤로 하여 낙수를 바라보고 있으며, 장안은 위수를 위에 두고 경수를 의지하는 듯하구나.

字義(자의)

背 등 배. 집북편 배. 해무리 배. 버릴 패. 배반할 패. 뒤 배. 죽을 배.
邙 뫼 망. 북망산 망. 여기서 邙山(망산)은 산 이름으로 썼음. 망산은 北邙山(북망산)이라고도 하며 중국 洛陽(낙양) 북쪽에 있으며 귀인과 명사의 무덤이 많음.
面 낯 면. 얼굴 면. 향할 면. 앞 면. 보일 면. 방위 면. 쪽 면. 탈 면. 뵐 면.
洛 물 락. 흐를 락. 낙수 락. 서울 락.
浮 뜰 부. 지날 부. 떠내려갈 부. 물 창일할 부. 매인 데 없을 부. 가벼울 부.
渭 물 이름 위. 위수 위. 속 끓일 위.
據 의지할 거. 기댈 거. 웅거할 거. 의탁할 거. 짚을 거. 누를 거.
涇 물 이름 경. 통할 경.

句解(구해)

背邙面洛(배망면락): 북망산을 등지고 낙수를 향하였다.
浮渭據涇(부위거경): 위수 가에 있는 장안은 경수를 의지하는 듯하다.

解說(해설)

　본 절은 동서이경의 地勢(지세)를 논한 글이다. 洛陽(낙양)은 北邙山(북망산)을 배경으로 하여 洛水(낙수)를 바라보는 위치에 있으며, 장안은 渭水(위수) 가에 떠 있으면서 涇水(경수)를 의지하고 있다. 배망은 東京(동경)의 위치를 가리키고, 부위는 西京(서경)의 위치를 가리키고 있다. [東京賦(동경부)]에 보면 "낙수를 거슬러 올라가고 황하를 등지고 있다."라 했고, [西京賦(서경부)]에는 "위수를 의지하고 경수가 옆으로 흘러 꾸불꾸불 둘러 있다."라고 했다. '북망산'이라는 말은 우리나라에서는 사람이 죽어 묻히는 곳으로 알려졌고 지금도 많이 쓰는 말이다. 중국의 북망산에는 지금까지도 귀족들의 무덤이 많이 남아 있다.

54. 궁전반울 루관비경(宮殿盤鬱 樓觀飛驚)

宮	殿	盤	鬱	樓	觀	飛	驚
집 궁	전각 전	서릴 반	답답할 울	다락 루	볼 관	날 비	놀랄 경
きゅう く	てん でん	ばん	うつ	ろう	かん	ひ/び	きょう

☞궁전은 반울하고 누관은 비경이라
☞궁과 전은 굽이굽이 들어차 있고, 누와 관은 새가 날고 말이 놀라 솟구치는 듯 놀랍구나.

字義(자의)

宮　집 궁. 궁궐 궁. 종묘 궁. 율 소리 궁. 불알 썩힐 궁. 담 궁.
殿　전각 전. 큰집 전. 대궐 전. 적은공 전. 후군 전. 끙끙거릴 전.
盤　소반 반. 서릴 반. 대야 반. 즐길 반. 어정거릴 반. 편안할 반.
鬱　답답할 울. 나무 다보록할 울. 막힐 울. 마음에 맺힐 울. 우거질 울.
樓　다락 루. 망루 루. 봉우리 루. 문 루.
觀　볼 관. 모양 관. 대궐 관. 집 관. 태자궁 관. 구경 관. 괘 이름 관.
飛　날 비. 높을 비. 여섯 말 비. 흩어질 비.
驚　놀랄 경. 두려울 경. 말 놀랄 경.

句解(구해)

宮殿(궁전): 궁은 왕의 거처이고, 전은 왕이 납시는 곳이니 궁전은 제왕의 전각이다.
盤鬱(반울): 나무나 뿌리 등이 서리고 빽빽하게 들어찼다. '盤鬱(반울)'은 굽이굽이 여러 군데로 돌면서 뻗어 나가는 모양을 나타낸다.
樓觀(누관): 누각과 관대. 누는 층계 집 다락이나 본디 의지하여 보는 곳이다. 관은 자세히 본다는 의미도 있고 높은 건물을 나타내기도 하나 본디 멀리 바라보는 곳이다. '樓觀(누관)'은 '樓閣(누각)'과 '觀臺(관대)'의 줄임말이다.
飛驚(비경): 꿩이 나는 듯, 새가 놀라 날아가는 듯한 모양. 나는 듯 놀랍다. 如飛如驚(여비여경)이 비경이다.

解說(해설)

　본 절은 蒼空(창공)을 빈틈없이 뒤덮고 있는 殿閣(전각)이 웅장하고 빽빽이 들어차 있는 장관을 말한 것이다. 궁과 전은 高大(고대)한데 빽빽하게 들어찼고, 高樓(고루)와 觀臺(관대)는 새가 하늘을 나는 듯 솟아 놀라울 정도로 번화하다는 말이다. 궁·전·누관은 모두 규모가 크고 장엄한 건조물을 의미한다.

55. 도사금수 화채선령(圖寫禽獸 畫綵仙靈)

圖	寫	禽	獸	畫	綵	仙	靈
그림 도	그릴 사	새 금	짐승 수	그림 화	채색 채	신선 선	신령 령
ず/と ずう	しゃ	きん	じゅう	が かく	さい	せん	れい りょう

☞도사금수하고 화채선령하니라
☞날짐승과 길짐승을 그림으로 그렸고, 신선과 신령을 색칠하여 그렸다.

字義(자의)

圖 그림 도. 꾀할 도. 다스릴 도. 헤아릴 도. 지도 도. 탑 도. 하도 도.
寫 그릴 사. 본뜰 사. 베낄 사. 쏟을 사. 부어 만들 사.
禽 새 금. 사로잡을 금.
獸 짐승 수. 금수는 새와 짐승을 총칭하는 말.
畫 그림 화. 그을 획. 나눌 획. 꾀할 획. 글씨 획. 지휘할 획.
綵 채색 채. 캘 채. 풍채 채. 아름다울 채. 채읍 채. 빛날 채. 무늬 채. 빛 채.
仙 신선 선. 가볍게 날 선.
靈 신령 령. 혼백 령. 신통할 령. 신령할 령.

句解(구해)

圖寫(도사): 그림을 그리다. 그리고 베끼다.
禽獸(금수): 새와 짐승. 날짐승과 길짐승의 총칭.
畫綵(화채): 채색으로 그리다.
仙靈(선령): 신선과 靈位(영위: 신령스러운 대상)

解說(해설)

　前文(전문)에서는 宮殿(궁전)의 外觀(외관)에 대해 敍述(서술)하였는데, 이 글에서는 아름다움을 다한 궁전 內部(내부)의 美觀(미관)을 묘사했다. 樓閣(누각) 안에는 禽獸(금수)를 그린 그림이 있다. 용, 호랑이, 기린, 봉황 등을 그렸다. 또한 다섯 가지 채색으로 신선들의 모습도 그렸다. 名工(명공)들의 솜씨로 이루어진 새와 짐승의 그림은 임금과 국가의 盛運(성운)을 비는 뜻에서 그린 것이고, 늙어도 죽지 않는 神仙(신선)을 그려 사람들은 長壽(장수)를 빌었다.

전절과 이 절에서 궁전 안팎의 莊嚴(장엄)하고 화려한 모습을 남김없이 잘 드러내었다. 중국 북경에 있는 '자금성'을 떠올려 보면 이 절이 뜻하는 바를 금세 알 수 있다.

56. 병사방계 갑장대영(丙舍傍啓 甲帳對楹)

丙	舍	傍	啓	甲	帳	對	楹
남녘 병	집 사	곁 방	열 계	갑옷 갑	장막 장	대할 대	기둥 영
へい	しゃ	ぼう	けい	かん こう	ちょう	たい つい	えい

☞병사는 방계하고 갑장은 대영이라

☞신하들이 머무는 집은 양옆으로 나란히 열려 있고, 눈부신 휘장은 두 기둥 사이에 드리워 있다.

字義(자의)

丙　남녘 병. 천간 병. 밝을 병.
舍　집 사. 놓을 사. 쉴 사. 베풀 사. 삼십 리 사. 용서할 사. 머무를 사.
傍　곁 방. 의지할 방. 가까이할 방. 좌우에 시종할 방. 마지못할 팽.
啓　열 계. 가르칠 계. 열어볼 계. 인도할 계. 여쭐 계. 떠날 계. 꿇을 계.
甲　갑옷 갑. 첫째 천간 갑. 법령 갑. 과거 갑. 첫째 갑. 으뜸 갑. 대궐 갑. 아무 갑. 껍질 갑.
帳　장막 장. 휘장 장. 치부책 장. 양장 장. 천막 장.
對　대할 대. 마주볼 대. 대답할 대. 당할 대. 짝 대. 마주 대.
楹　기둥 영.

句解(구해)

丙舍(병사): 궁실 안에 있는 3등급의 방. 궁중의 신하들이 쉬는 곳. 甲乙丙丁(갑을병정)으로 세어 나가면 세 번째 등위가 된다.
傍啓(방계): 옆에 열려 있다.
甲帳(갑장): 갑을병정으로 순위를 정하면 제1帳(장)에 해당한다. 보배로운 물건으로 꾸며서 휘장을 만들었는데 甲帳(갑장)은 神(신)이 있는 곳에 치고, 乙帳(을장)은 임금이 계신 곳에 쳤다고 한다.
對楹(대영): 둥근 기둥이 마주 서 있다. 對(대)는 모가 없다는 말이니 곧 둥글다는 말이고 楹(영)은 기둥이다.

解說(해설)

　　正殿(정전)을 중심으로 궁중을 守護(수호)하는 官舍(관사)가 세워져 있고 그곳으로 통하는 문이 옆으로 열려 있는데, 갑장도 기둥 사이에 마주하고 있다. 한나라 때 滑稽王(골계왕)이자 大臣(대신)이었던 동방삭이 갑을장을 만들었으니 임금이 잠시 머무는 곳이 기둥 사이에 마주하고 있다는 말이다.

본 절은 궁중의 규모가 웅대하고 장식이 수려하다는 것을 나타내고 있다. 궁전 내의 많은 건물의 배치와, 각 건물 안에 있는 장막과 기둥의 화려하고 장대함을 형용하였다.

57. 사연설석 고슬취생(肆筵設席 鼓瑟吹笙)

肆	筵	設	席	鼓	瑟	吹	笙
베풀 사	자리 연	베풀 설	자리 석	탈 고	비파 슬	불 취	생황 생
し	えん	せつ せっ	せき せっ	こ	しっ きん	すい	そう しょう

☞사연설석하고 고슬취생하니라
☞돗자리를 한 겹 두 겹 깔고서, 비파를 뜯고 생황 저를 분다.

字義(자의)

肆 베풀 사. 방자할 사. 저자 사. 벌일 사. 궁구할 사. 말끝 고칠 사.
筵 자리 연. 왕이 강하는 자리 연.
設 베풀 설. 만들 설. 둘 설. 갖출 설. 가령 설. 설령 설.
席 자리 석. 돗 석. 깔 석. 걷을 석. 베풀 석. 자리할 석.
鼓 북 고. 칠 고. 별 이름 고.
瑟 비파 슬. 거문고 슬. 실풍류 슬. 바람소리 슬. 깨끗한 체할 슬.
吹 불 취. 숨 쉴 취. 악기 불 취. 바람 취. 충동할 취.
笙 생황 생. 대자리 생. 생황은 옛날 女蝸(여와)가 처음 만들었다는 악기임.

句解(구해)

肆筵設席(사연설석): 대자리를 벌여 놓다. 연석이란 자리를 까는 법으로 처음 땅에 한 겹으로 깔면 筵(연)이요, 그 위는 席(석)이니 석은 자리 위에 겹으로 깐 것이고, 연은 홑 깐 것이다.
鼓瑟(고슬): 비파를 탄다. 비파는 현악기이다. 그러므로 줄을 뜯어 연주한다. 鼓(고)는 여기에서 '두드린다'는 뜻이 아니고 '뜯는다'는 뜻이다.
吹笙(취생): 생황을 분다. 생황은 관악기이다.

解說(해설)

  귀빈을 접대하기 위해 돗자리를 펴서 좌위를 정한 후 비파를 뜯고 생황을 불어 흥을 돋운다는 말이다.
  본 절은 장엄한 궁전 안에서 공적, 사적인 儀式(의식)이 있을 때에 諸侯(제후) 및 君臣(군신)을 會合(회합)하여 宴會(연회)를 베풀고 음악을 演奏(연주)하는 모습을 나타낸 것이다. 太平聖代(태평성대)에 군신이 서로 기뻐하고 즐기는 풍경이다.

58. 승계납폐 변전의성(陞階納陛 弁轉疑星)

陞	階	納	陛	弁	轉	疑	星
오를 승	섬돌 계	들일 납	섬돌 폐	고깔 변	구를 전	의심할 의	별 성
しょう	かい	なん のう	へい	べん	てん	ぎ	じょう せい

☞승계납폐하니 변전은 의성이라
☞섬돌을 올라 궁전에 들어가니, 고깔을 장식한 보석이 하늘거려 별인 듯 어리둥절하다.

字義(자의)

陞　오를 승. 올릴 승.
階　섬돌 계. 벼슬차례 계. 층계 계. 삼태성 계.
納　들일 납. 받을 납. 바칠 납. 너그러울 납.
陛　섬돌 폐.
弁　고깔 변. 떨 변. 손바닥 칠 변. 칠 변. 즐거울 반. 시 이름 반.
轉　구를 전. 돌아누울 전. 넘어질 전. 돌 전. 굴릴 전. 옮길 전. 바꿀 전.
疑　의심할 의. 머뭇거릴 의. 두려워할 의. 그럴듯할 의. 정할 응. 바로 설 응.
星　별 성. 희뜩희뜩할 성. 세월 성. 천문 성. 성 성.

句解(구해)

陞階(승계): 계단을 오르다.
納陛(납폐): 납은 받아들인다는 말이고, 폐는 천자가 오르내리는 계단이니 곧 궁중에 들어가는 것을 뜻한다.
弁轉疑星(변전의성): 弁(변)은 고깔이고, 轉(전)은 구르는 것이며, 疑(의)는 의심하거나 미혹한 것이다. 벼슬아치들의 冠(관)에 장식한 보석이 흔들리는 휘황찬란한 모습을 보니 마치 별이 아닌가 의심스럽다는 뜻이다. ≪詩經(시경)≫ 淇澳(기욱)편에 나오는 "고깔모 접친 데가 별과 같구나(會弁如星 회변여성)."를 다시 쓴 것이다.

解說(해설)

　계단은 당 밖에 있으니 여러 신하들이 오르는 곳이고, 폐는 당 안에 있으니 높은 사람이 오르내리는 계단이다. 납폐는 궁전의 터를 파서 섬돌을 만들어 용마루 아래로 들어가 겉으로 드러나지 않고 오르게 하는 것이다. 고깔에는 삼량 오량 칠량이 있는데 양에는 모두 구슬이 달려 있으며 계급에 따라 양을 달리한다.

　본 절은 朝廷(조정)의 고관대작들이 外觀(외관)을 整齊(정제)하고 層階(층계)를 오르내리면서 궁중에 들어가 玉座(옥좌) 앞에 이를 때, 그들의 관에 品階(품계)에 따라 붙인 輝煌燦爛(휘황찬란)한 주옥들이 출렁거리며 번쩍이는 모양이 마치 밤하늘의 별처럼 화려하다는 것을 나타낸다.

59. 우통광내 좌달승명(右通廣內 左達承明)

右	通	廣	內	左	達	承	明
오른 우	통할 통	넓을 광	안 내	왼 좌	통달할 달	이을 승	밝을 명
う ゆう	ずう つう	こう	だい ない	さ	たち たつ	しょう	みょう めい

☞우는 통광내하고 좌는 달승명하니라

☞오른편으로는 광내전으로 통하고, 왼편으로는 승명려에 이른다.

字義(자의)

右 오른 우. 높일 우. 강할 우. 도울 우. 위 우. 곁 우.

通 통할 통. 뚫릴 통. 사무칠 통. 형통할 통. 통창할 통. 사귈 통. 다닐 통. 모두 통. 지날 통. 널리 통. 간음할 통. 벌 통.

廣 넓을 광. 클 광. 빌 광.

內 안 내. 속 내. 방내 내. 우리나라 내. 마음 내. 대궐안 내. 중할 내. 처 내. 비밀 내. 들일 납. 여관 나. 廣內(광내)는 대궐 이름으로, 궁중의 책을 간수해 두던 곳임.

左 왼 좌. 그를 좌 어긋날 좌. 패리 좌. 물리칠 좌. 증거 할 좌. 멀리할 좌. 도울 좌.

達 통달할 달. 천거할 달. 방자할 달. 이를 달. 보낼 달. 달할 달.

承 이을 승. 받들 승. 차례 승. 도울 승.

明 밝을 명. 이승 명. 분명할 명. 날 샐 명. 흴 명. 살필 명. 나라 이름 명. 承明(승명)은 대궐의 이름으로 入直(입직)을 하던 곳임.

句解(구해)

右通廣內(우통광내): 오른쪽으로 광내전에 통한다. 광내전은 도서를 갖춘 관청으로, 지금으로 말하자면 국립도서관에 해당한다.

左達承明(좌달승명): 왼쪽으로는 承明廬(승명려)에 도달한다. 승명려는 숙직하고 쉬는 곳이다. 廬(려)는 오두막집을 나타내지만 여기서는 宿直(숙직)하는 곳을 나타낸다.

解說(해설)

'광내전'은 漢(한)나라 때 古典(고전)을 우러러 人文(인문) 정치를 펴고자 궁궐 안에 두었던 책광을 말하고, '승명려'는 온갖 고전과 기록물을 학자들이 校閱(교열)하던 곳이었다. 황제가 일 보는 正殿(정전) 오른쪽에 '광내전'이 있었고, 왼쪽에 '승명려'가 있었다고 한다. "도읍화하"에서부터 여기까지는 제도의 규모가 宏大(굉대)하고 궁전의 시설이 장려하다는 것을 말했다. 궁전 안에서 어진 임금과 현신들이 국정을 논하면서 분주하게 往來(왕래)했을 것이다.

60. 기집분전 역취군영(旣集墳典 亦聚群英)

旣	集	墳	典	亦	聚	群	英
이미 기	모을 집	무덤 분	법 전	또 역	모을 취	무리 군	꽃부리 영
き	しゅう	ふん	てん でん	えき	しゅう じゅ	ぐん	えい

☞기집분전하고 역취군영이라

☞이미 분전을 모으고, 또한 뭇 영재를 모았다.

字義(자의)

旣　이미 기. 다할 기. 끝날 기.

集　모을 집. 이룰 집. 가지런할 집. 문집 집.

墳　책 분. 고서 분. 무덤 분. 봉분 분. 클 분. 책 이름 분. 흙이 부풀어 오를 분.

典　법 전. 맡을 전. 책 전. 벼슬 전. 전당 잡힐 전. 도덕 전. 떳떳할 전. 본보기 전.

亦　또 역. 또한 역. 클 역. 모두 역. 어조사 역.

聚　모을 취. 걷을 취. 쌓을 취. 많을 취. 마을 취.

群　무리 군. 벗 군. 많을 군. 떼 군. 모을 군.

英　꽃부리 영. 영웅 영. 구름 뭉게뭉게 일 영. 아름다울 영. 빼어날 영. 풍류 이름 영. 꽃이 핀 뒤 열매가 맺히는 것을 華(화)라 하고, 열매가 맺히지 않는 것을 英(영)이라고 함.

句解(구해)

旣集(기집): 이미 모으다.

墳典(분전): 三皇(삼황)의 사적을 기록해 놓은 책을 三墳(삼분)이라 하고 五帝(오제)에 관한 책을 五典(오전)이라고 한다. 그러므로 '墳典(분전)'이란 삼황과 오제에 관한 典籍(전적)이다.

亦聚群英(역취군영): 또한 수많은 英才(영재)를 모은다.

解說(해설)

　　이미 삼분오전 같은 古書(고서)를 수집하고 또 학식과 재능이 뛰어난 영재를 많이 모았다. 전문에서는 圖書(도서)를 취급하는 광내전과 승명려에 대해 언급했는데, 본문에서는 광내전에 분전을 이미 蒐輯(수집)하였고 '분전'을 찾아 많은 英才(영재)가 모여들었다. 그리고 임금과 대신들은 광내전과 승명려에 영재들을 모아 강의하고 토론하면서 정치의 요체를 밝혀 나갔을 것이다.

　　이 절은 인재를 양성하는 교육시설이 整備(정비)되었음을 설명한 것이다.

61. 두고종례 칠서벽경(杜槀鍾隷 漆書壁經)

杜	槀	鍾	隷	漆	書	壁	經
담을 두	짚 고	쇠북 종	종 례	옻 칠	글 서	벽 벽	경서 경
と	こう	しゅう	れい	しつ	しょ	へき	けい きょう

☞두고종례요 칠서벽경이라
☞杜度(두도)의 草書(초서)와 鍾繇(종요)의 隷書(예서)가 있고, 옻칠로 쓴, 벽 속의 經書(경서)가 있다.

字義(자의)

杜 담을 두. 막을 두. 아가위 두. 팥배나무 두. 향초이름 두.
槀 짚 고. 볏짚 고. 사초 고. 글초 고. 稿(고)와 같음
鍾 쇠북 종. 술병 종. 음 이름 종.
隷 종 례. 붙이 례. 검열할 례. 팔분 례.
漆 옻 칠. 옻나무 칠. 옻칠할 칠. 검을 칠. 캄캄할 칠. 물 이름 칠. 전심할 칠.
書 글 서. 쓸 서. 적을 서. 글씨 서. 글 지을 서. 책 서. 서적 서. 편지 서.
壁 벽 벽. 진 벽. 돌 비탈 벽. 별 이름 벽. 낭떠러지 벽.
經 책 경. 경서 경. 글 경. 날 경. 법 경. 다스릴 경. 지경 경. 씨 경. 경도 경. 지낼 경.

句解(구해)

杜槀(두고): 後漢(후한) 때 杜度(두도)가 쓴 草書(초서)를 뜻한다.
鍾隷(종예): 鍾繇(종요)가 쓴 隷書(예서). 魏(위)나라 鍾繇(종요)는 隷書(예서)를 잘 썼으니, 두도나 종요는 모두 이름 높은 명필이었다.
漆書(칠서): 붓이 없던 옛날에 대나무 쪽에 옻으로 칠해서 쓴 글자로 위는 굵고 아래는 가늘어 蝌蚪(과두), 곧 올챙이 모양과 같다고 해서 이를 과두문자라고 함.
壁經(벽경): 魯(노)나라 恭王(공왕) 때 孔子(공자)의 옛집을 헐다가 벽 틈에서 얻은 경서를 뜻한다.

解說(해설)

　글씨로는 杜度(두도)의 草書(초서)와 鍾繇(종요)의 隷書(예서)가 있고, 글로는 竹簡(죽간)에 漆書(칠서)로 된 蝌蚪(과두)의 글과, 孔子(공자)의 후손이 살던 집 벽 속에서 나온 經書(경서)가 있다. 前文(전문)의 이미 수집한 분전 속에는 각종의 귀중한 것이 많았지만 그중에서도 이와 같은 것이 더욱 귀중한 것이었다. 창힐이 글자를 처음 만들었고 진나라 하급 관리가 예서를 만들었으며 두도는 초서를 만들었다고 하는데 초서는 지금의 중국어 간체자에 가깝다고 할 수 있다. 종요는 隷書(예서) 중에서 소예를 만들었다.

62. 부라장상 노협괴경(府羅將相 路挾槐卿)

府	羅	將	相	路	挾	槐	卿
곳집 부	벌일 라	장수 장	서로 상	길 로	낄 협	홰나무 괴	벼슬 경
ふ	ら	しょう	しょう そう	ろ	きょう	かい	きょう けい

☞부에는 라장상하고 로는 협괴경이라
☞官府(관부)에는 장수와 재상들이 늘어서 있고, 공경의 저택들이 길을 끼고 서 있다.

字義(자의)

府 곳집 부. 마을 부. 고을 부. 죽은 조상 부. 도읍 부.
羅 벌일 라. 벌 라. 새그물 라. 깁 라. 지남철 라. 두를 라. 체질할 라.
將 장수 장. 장차 장. 클 장. 가질 장. 대장 장. 거느릴 장. 청컨대 장.
相 서로 상. 도울 상. 정승 상. 상볼 상. 풍류 이름 상. 將相(장상)은 장수와 재상, 또는 장군과 대신, 곧 文官(문관)·武官(무관)의 우두머리를 통틀어 가리킨 말임.
路 길 로. 클 로. 수레 이름 로. 성 로.
挾 낄 협. 겸할 협. 곁에서 부축할 협. 성 협. 좁을 협. 俠(협)과 같은 글자.
槐 홰나무 괴. 느티나무 괴. 삼공 괴.
卿 벼슬 경. 귀공 경. 스승 경. 밝힐 경. 자네 경. 여기서 槐卿(괴경)은 公卿(공경)과 같음.

句解(구해)

府羅將相(부라장상): 부는 官府(관부)이다. 관부는 관청이다. 라는 羅列(나열)이다. 장은 군사를 주재하는 사람이니 將帥(장수)이다. 상은 宰相(재상)이다. 따라서 관부에는 將相(장상)이 늘어섰다는 뜻이다.
路挾槐卿(노협괴경): 노는 길이고, 협은 대인의 양 겨드랑이를 끼는 것이다. 周代(주대)에는 조정 안에 홰나무 세 그루를 심어서 三公(삼공)의 자리 標識(표지)로 삼았으므로 세 그루의 나무는 위계를 나타냈다. 경은 대신이다. 그러므로 괴경(삼공과 구경)의 저택이 길을 사이에 두고 즐비하게 늘어섰다는 뜻이다. 괴는 삼공을 일컫는다.

解說(해설)

수도의 관부에는 將相(장상)이 綺羅星(기라성)같이 늘어서 있고, 삼공과 경대부의 저택들이 길을 끼고 늘어서 있다는 말이다. 앞에서는 "역취군영"이라 하여 영재가 가득히 모여들었다는 것을 나타내었고, 본 절에서는 황제가 거처하는 좌우에 부서와 집이 있는데 거기에는 장수와 정승이 사는 邸宅(저택)이 늘어서 있다고 하였으므로 도성의 繁盛(번성)을 나타냈다. '路(노)'는 조정에 들어가는 길이다.

63. 호봉팔현 가급천병(戶封八縣 家給千兵)

戶	封	八	縣	家	給	千	兵
지게문 호	봉할 봉	여덟 팔	고을 현	집 가	줄 급	일천 천	군사 병
こ	ほう ふう	はち	けん	か	きゅう	せん	へい

☞호는 봉팔현하고 가는 급천병이라
☞여덟 고을을 식읍으로 하고, 그 가문에는 천 명의 군사를 주었다.

字義(자의)

戶 지게문 호. 백성의 집 호. 집 출입구 호. 여기서는 백성의 집이라는 뜻임.
封 봉할 봉. 무덤 봉. 제후의 영지 봉. 닫을 봉. 북돋을 봉. 지경 봉. 흙더미 봉. 편지 봉.
八 여덟 팔.
縣 고을 현. 달 현. 매달릴 현.
家 집 가. 가문 가. 일족 가. 속 가. 남편 가. 아내 가. 대부 가(공경 이하의 벼슬).
給 줄 급. 넉넉할 급. 말 잘할 급.
千 즈믄 천. 일천 천. 천 번 천. 많을 천. 성 천.
兵 군사 병. 병장기 병. 재난 병. 전역 병. 적을 무찌를 병. 도적 병. 싸울 병.

句解(구해)

戶封八縣(호봉팔현): 8현의 민가에서 나오는 조세를 호봉으로 삼다. '八縣(팔현)'은 漢高祖(한고조)가 개국 일등 공신에게 하사한 것을 본보기 삼은 말이지만 딱 떨어지는 여덟 고을이 아니라 많은 고을을 뜻한다.
家給千兵(가급천병): 집에는 병졸 1,000명을 주었다는 뜻이다. 천 명을 받을 정도면 공신에 해당하는 것이다. '家(가)'는 國家(국가)·卿大夫(경대부)·食邑 (식읍)을 뜻하며, '千兵(천병)' 또한 많은 군사를 말한다.

解說(해설)

　한나라 때에는 여덟 현에서 나오는 세금을 받아먹게 하였고 제후에게는 1천 명의 병력을 두게 했다. 왕족, 귀족뿐 아니라 群英(군영) 중의 功臣(공신)에게 토지와 군사를 주어 優待(우대)했던 것을 말한 것이다.

64. 고관배련 구곡진영(高冠陪輦 驅轂振纓)

高	冠	陪	輦	驅	轂	振	纓
높을 고	갓 관	모실 배	손수레 련	몰 구	바퀴통 곡	떨친 진	갓끈 영
こう	かん	ばい	れん	く	こく	しん	えい

☞고관배련하니 구곡진영하며
☞높은 갓을 쓴 벼슬아치들이 황제의 수레를 모시니, 말을 몰아 수레바퀴를 굴릴 때마다 끈과 술이 휘날리며,

字義(자의)

高 높을 고. 위 고. 멀 고. 고상할 고. 높일 고. 성 고.
冠 갓 관. 처음 갓 쓸 관. 어른이 될 관. 우두머리 관. 으뜸 관. 이름 관. 볏 관.
陪 모실 배. 도울 배. 거듭 배. 더할 배. 배신 배.
輦 손수레 련. 연 련. 당길 련. 궁중길 련. 끌 련.
驅 몰 구. 쫓아 보낼 구. 앞잡이 구.
轂 바퀴통 곡. 속 바퀴 곡. 천거할 곡.
振 떨칠 진. 움직일 진. 진동할 진. 정돈할 진. 떼 지어 날 진. 무던할 진.
纓 갓끈 영. 노 영. 얽힐 영. 가슴걸이 영. 감을 영.

句解(구해)

高冠陪輦(고관배련): 관은 귀족들이 머리에 쓰는 모자이다. 高冠陪輦(고관배련)은 관을 높이 써 威儀(위의)를 갖추고 天子(천자)의 수레를 따른다는 뜻이다. 고관은 '高官大爵(고관대작)'을 줄인 말이다.
驅轂振纓(구곡진영): 구는 달린다는 뜻이고 곡은 수레를 뜻한다. 따라서 수레가 달릴 때마다 관을 맨 끈이 흔들린다는 뜻이다.

解說(해설)

이 글은 天子(천자)의 行次(행차)가 화려하고 성대하다는 것을 과시한 것이다. 고관은 높은 관을 쓰고 임금의 수레를 모시니, 수레를 몰 때마다 수레를 장식한 끈과 술이 진동한다. 그리고 고관대작들의 관끈까지 휘날린다. 공경과 제후들까지 천자의 수레인 玉輦(옥련)을 뒤따르니 온갖 깃발이 하늘을 덮었을 것이다. 옛날이건 지금이건 높은 지위에 있는 사람들의 행차는 굉장했던 것이다.

65. 세록치부 차가비경(世祿侈富　車駕肥輕)

世	祿	侈	富	車	駕	肥	輕
인간 세	녹 록	사치할 치	부자 부	수레 차	멍에 할 가	살찔 비	가벼울 경
せい せ	ろく	し	ふ	しゃ	が	ひ	けい

☞세록은 치부하니 차가는 비경이라

☞대대로 녹을 받아 부유해지니, 말은 살찌고 수레는 가볍구나.

字義(자의)

世　인간 세. 세상 세. 일평생 세. 역대 세. 백년 세. 대대로 세.
祿　녹 록. 녹봉 록. 복 록. 착할 록. 죽을 록. 곡식 록.
侈　사치할 치. 넓을 치. 많을 치. 풍부할 치. 오만할 치. 클 치.
富　부자 부. 많을 부. 넉넉할 부. 충실할 부. 어릴 부.
車　수레 차(거). 그물 거. 잇몸 거. 성 차.
駕　멍에 할 가. 임금 탄 수레 가. 탈것 가. 더할 가.
肥　살찔 비. 거름 비. 땅 이름 비.
輕　가벼울 경. 천할 경. 빠를 경. 업신여길 경.

句解(구해)

世祿(세록): 자자손손 이어받는 봉급. 녹이란 봉급이다.
侈富(치부): 奢侈(사치)스러울 정도로 富有(부유)하다.
車駕(차가): 공신들이 타는 수레.
肥輕(비경): '肥馬輕裘(비마경구)'를 略(약)한 말이다. 살찐 말을 타고 가벼운 갖옷을 입었다는 뜻이다. ≪論語(논어)≫ 雍也(옹야)편에 보면 "孔子(공자)가 말하기를, 赤(적)이 제나라에 가는데, 살찐 말을 타고 가벼운 갖옷을 입었다고 했다(赤也 適齊也 乘肥馬衣輕裘 적야 적제야 승비마의경구)."는 구절이 있다. 이 말은 赤(적)이라는 제자가 호사스럽다는 말이다.

解說(해설)

　천자가 타는 가마를 鳳輦(봉련)이라고 한다. 이 봉련에 배종하는 군신과 측근들이 받는 봉록은 많고, 타고 다니는 말은 기름지고 옷은 사치스럽다는 말이다. 곧 천자의 행렬이 장대하고 화려하다는 말이다. 또한 태평하고 부유한 시대라는 것을 보여 주는 것이다.

66. 책공무실 늑비각명(策功茂實 勒碑刻銘)

策	功	茂	實	勒	碑	刻	銘
꾀 책	공 공	무성할 무	열매 실	새길 륵	비석 비	새길 각	새길 명
さっ さく	こう	も	じつ	ろく	ひ	こく	めい

☞책공은 무실하야 늑비각명하니라

☞큰 공을 세우도록 꾸며 그 공이 茂實(무실)해지면 그것을 讚美(찬미)하기 위하여 史蹟(사적)을 金石(금석)에 새겨 남긴다.

字義(자의)

策 꾀 책. 채찍 책. 시초 책. 잎 떨어지는 소리 책. 쇠 지팡이 책. 별 이름 책.
功 공 공. 보람 공. 공치사할 공. 복 입을 공. 일할 공. 공로 공. 이용할 공.
茂 무성할 무. 풀 우거질 무. 아름다울 무. 힘쓸 무. 성할 무. 빼어날 무.
實 열매 실. 넉넉할 실. 참스러울 실. 사실 실. 물건 실. 실상 실. 충실한 실. 속 실. 채울 실. 익을 실.
勒 새길 륵. 굴레 륵. 억지로 할 륵. 엄중할 륵. 정돈할 륵. 억누를 륵. 다스릴 륵.
碑 비석 비. 비 비.
刻 새길 각. 몹시 각. 긁을 각. 시각 각. 깎을 각. 각박할 각.
銘 새길 명. 기록할 명. 명 명. 명정 명.

句解(구해)

策功(책공): 공을 세우도록 꾀한다.
茂實(무실): 무성하고 충실하다. 茂盛充實(무성충실)을 略(약)한 말이다.
勒碑刻銘(늑비각명): 碑碣(비갈)에 새기고 기록을 새긴다는 말이다. 비는 直立(직립)한 돌이다. 갈은 둥근 돌이다.

解說(해설)

　나라에서는 공신들의 업적을 책록에 기록하여 실적에 힘쓰게 하고, 명문을 새겨 비석을 세운다. 그리하면 나라의 인재들이 공을 세우기 위해 더욱 노력하게 된다.

명군(明君)과 명신(名臣)

67. 반계이윤 좌시아형(磻溪伊尹 佐時阿衡)

磻	溪	伊	尹	佐	時	阿	衡
돌 반	시내 계	저 이	맏 윤	도을 좌	때 시	언덕 아	저울대 형
はん	けい	い	いん	さ	じ	あ	こう

☞반계와 이윤은 좌시하여 아형이며

☞磻溪(반계)의 태공은 문왕을 도왔고, 伊尹(이윤)은 탕왕을 보좌하여 아형이 되었으며,

字義(자의)

磻 돌 반. 반계 반. 물 이름 반. 도살촉 파.
溪 시내 계. 활 이름 계. 谿(계)와 같음.
伊 저 이. 이 이. 오직 이. 다만 이. 발어사 이. 답답할 이.
尹 맏 윤. 다스릴 윤. 바를 윤. 벼슬 이름 윤. 성실할 윤. 믿을 윤. 포 윤. 성 윤. 이름 윤. 미쁠 윤.
佐 도울 좌. 버금 좌. 보좌관 좌.
時 때 시. 끼니 시. 기약 시. 이 시. 엿볼 시. 가끔 시.
阿 언덕 아. 아첨할 아. 벼슬 이름 아. 누구 옥(남을 부를 때 친근한 뜻을 나타내기 위하여 앞에 붙이는 말). 물가 아. 기슭 아.
衡 저울대 형. 수레멍에 형. 눈퉁이 형. 옥형 형. 벼슬 이름 형. 阿衡(아형)은 伊尹(이윤)이 받은 벼슬 이름임.

句解(구해)

磻溪(반계): 일명 璜河(황하)로서 강 이름이다. 周(주) 文王(문왕), 武王(무왕)을 도와 주나라를 창건한 후 제후에 봉해진 太公望(태공망) 呂尙(여상)이 벼슬에 나가기 전에 낚시질을 하던 곳이다. 성이 姜(강)이며, 우리나라에서는 낚시꾼을 강태공이라고 하는데 바로 여기에서 유래가 된 말이다.
伊尹(이윤): 殷(은)나라의 어진 재상이다.
佐時(좌시): 時世(시세)를 돕다. 시세의 급한 일을 돕다.
阿衡(아형): ≪書經(서경)≫ 太甲篇(태갑편)에서 鄭玄(정현)의 註(주)에 의하면, 阿(아)를 倚(의), 衡(형)은 平(평)이라 해석하여 伊尹(이윤)이 천하를 平定(평정)했으므로 아형을 官名(관명)으로 썼다고 했다.

解說(해설)

천자를 補佐(보좌)하는 신하로서 그 功績(공적)을 金石(금석)에 새겨둘 수 있는 사람으로는 주나라 무왕의 謀臣(모신)이었던 태공망 여상과, 또 은나라의 탕왕을 보필한 이윤이 있다. 주나라 문왕은 여상 강태공을 반계에서 招聘(초빙)하고, 은나라 성탕은 이윤을 신야에서 모셔 왔다. 여상이 반계에서 곧은 바늘로 낚시질을 하다가 玉(옥)을 얻었는데 여기에 '姬(희)씨 성을 가진 자가 천명을 받는데

여상이 돕는다.'라고 씌어 있었다. 이 일에서 '좌시'라는 말이 생겼을지도 모른다. 희씨 성을 가진 사람은 바로 주나라 문왕이었다. *殷湯王*(은탕왕)은 *莘野*(신야)에서 *伊尹*(이윤)을 맞아 재상을 삼음으로써 하나라를 멸망시키고 은나라를 세울 수 있었으며, 탕은 그를 높이 불러 *阿衡*(아형)이라 했다. 하나라를 멸망시키고 세운 나라가 은나라이고, 은나라를 멸망시키고 세운 나라가 주나라이다.

磻	溪	伊	尹	佐	時	阿	衡
반	계	이	윤	좌	시	아	형

68. 엄택곡부 미단숙영(奄宅曲阜 微旦孰營)

奄	宅	曲	阜	微	旦	孰	營
가릴 엄	집 택	굽을 곡	언덕 부	아닐 미	아침 단	누구 숙	지을 영
えん	たく	きょく	ふ	び	たん	じゅく	えい

☞엄택곡부하니 미단이면 숙영이리오

☞曲阜(곡부)에 살며 어루만져 가라앉히니, 旦(단)이 아니면 누가 다스릴 수 있었겠는가.

字義(자의)

奄 가릴 엄. 문득 엄. 그칠 엄. 오랠 엄. 매우 엄.
宅 집 택. 살 택. 자리 택. 정할 택. 묏자리 택.
曲 굽을 곡. 곡절 곡. 곡조 곡. 가락 곡. 누에 발 곡.
阜 언덕 부. 둔덕 부. 클 부. 살찔 부. 많을 부. 두둑할 부. 땅 이름 부. 메뚜기 부.
微 작을 미. 가늘 미. 희미할 미. 아닐 미. 없을 미. 천할 미. 숨길 미.
旦 아침 단. 새벽 단. 일찍 단. 밝을 단. 밤에 우는 새 단. 여기서는 周公(주공)의 이름으로 쓴 것임.
孰 누구 숙. 어느 숙. 살필 숙. 익을 숙. 熟(숙)과 같음.
營 지을 영. 경영할 영. 다스릴 영. 영문 영. 진영 영. 별 이름 형.

句解(구해)

奄宅曲阜(엄택곡부): 오래도록 곡부에 살았다. 곡부는 周(주)나라 成王(성왕)이 周公에게 준 魯(노)나라의 都邑地(도읍지)이다. 주공은 무왕의 동생인데 무왕이 죽고 나이가 어린 성왕이 즉위하자 자리를 簒奪(찬탈)하지 않고 성왕을 대신하여 섭정을 하고 주나라의 기초를 반석 위에 올려놓았다. 孔子(공자)는 魯(노)나라 곡부 사람이고 주공을 마음속으로 깊이 섬겼다.
微旦孰營(미단숙영): 단이 아니면 누가 꾸려 갔으리오. 단은 바로 주공의 이름이다.

解說(해설)

　주공은 큰 집을 曲阜(곡부)에 下賜(하사)받아 오랫동안 살았는데, 주공 단(旦)이 아니고서는 누가 그 거대한 집을 經營(경영)할 수 있었으랴. 주공이 천자에게 封地(봉지)를 하사받아 노나라 都城(도성)인 곡부에 집을 지었는데, 이는 오직 주공이 어질었던 까닭이다. 주나라 주공의 큰 업적을 기리는 말이다.

69. 환공광합 제약부경(桓公匡合 濟弱扶傾)

桓	公	匡	合	濟	弱	扶	傾
굳셀 환	귀인 공	바로잡을 광	합할 합	건질 제	약할 약	붙들 부	기울어질 경
かん	こう	きょう	ごう	せい さい	じゃく	ふ	けい

☞환공은 광합하야 제약부경하니라
☞齊(제)나라 桓公(환공)은 천하를 바로잡아 제후를 불러 모으고, 약한 자를 구하며 쇠진한 자를 도왔다.

字義(자의)

桓 굳셀 환. 모감주나무 환. 머뭇거릴 환. 하관틀 환. 홀 환.
公 귀인 공. 공변될 공. 드러낼 공. 벼슬 이름 공. 어른 공. 그대 공. 동배의 존댓말 공. 마을 공.
匡 바로잡을 광. 바를 광. 구원할 광. 휠 광. 恇(광)·眶(광)과 통함.
合 합할 합. 같을 합. 짝 합. 모일 합. 모둘 합. 흘레붙을 합. 화할 갑.
濟 건질 제. 건널 제. 일 이룰 제. 정할 제. 다정할 제. 물 이름 제. 많을 제.
弱 약할 약. 어릴 약. 나약할 약. 못생길 약. 젊을 약.
扶 붙들 부. 도울 부. 호위할 부. 어리광 부릴 부.
傾 기울어질 경. 엎드러질 경. 무너질 경. 곁눈질할 경. 위태할 경. 귀 기울여 들을 경.

句解(구해)

桓公(환공): 제환공(齊桓公, 재위 B.C.685~B.C.643). 제나라 환공이다. 관중이라는 걸출한 인물을 얻어 패권을 장악하였고 춘추오패 중의 한 사람이 되었다.
匡合(광합): 바로잡아 통일하다.
濟弱(제약): 약자를 구제하다.
扶傾(부경): 기울어진 것을 돕다.

解說(해설)

☞제나라 환공은 천자가 힘이 미약하여 휘청거릴 때 천하를 바로잡고 제후들을 규합하여 약한 자를 구제하고 기우는 나라를 붙들어 주었다. 주나라 시대 양왕이 천자의 자리에 있었으나 이름뿐이고 다른 왕들에게 무시당하는 처지였다. 제환공은 周(주)나라 양왕의 자리를 안정시켜 구제한 일을 해냈는데, 뭇 영웅 중에서 管仲(관중)이라는 英傑(영걸)을 얻어 환공이 그와 함께 9주의 제후를 규합하여 一匡天下(일광천하)한 偉業(위업)을 찬미하는 내용이다.

70. 기회한혜 열감무정(綺回漢惠 說感武丁)

綺	回	漢	惠	說	感	武	丁
비단 기	돌아올 회	한수 한	은혜 혜	기꺼울 열	느낄 감	호반 무	고무래 정
き	かい	かん	けい	えっ	かん	ぶ	てい

☞기는 회한혜하고 열은 감무정하니라

☞常山四皓(상산사호) 綺里季(기리계) 등은 한나라 혜제의 지위를 회복시켰고, 傳說(부열)은 武丁(무정)의 꿈에 나타나 그를 감동시켰다.

字義(자의)

綺 비단 기. 아름다울 기. 무늬 기. 여기서는 綺里季(기리계)라는 사람의 이름으로 쓴 것임.
回 돌아올 회. 돌이킬 회. 회복할 회. 간사할 회. 어길 회. 둘레 회. 머뭇거릴 회.
漢 한수 한. 은하수 한. 놈 한. 나라 한.
惠 은혜 혜. 덕택 혜. 어질 혜. 순할 혜. 줄 혜. 세모창 혜. 여기서 漢惠(한혜)는 한나라 惠帝(혜제)임.
說 기꺼울 열. 말씀 설. 글 설. 달랠 세. 쉴 세. 여기서는 傳說(부열)이란 사람의 이름으로 쓴 것임.
感 느낄 감. 감동할 감. 감격할 감. 한할 감. 찌를 감. 깨달을 감.
武 호반 무. 건장할 무. 위엄스러울 무. 강할 무. 병장기 무. 풍류 이름 무.
丁 나이 스무 살 된 사나이 정. 넷째 천간 정. 셀 정. 부리는 사람 정. 백정 정. 나무 베는 소리 정. 당할 정.

句解(구해)

綺(기): 商山四皓(상산사호) 중의 한 사람인 綺里季(기리계). 한나라 때의 賢者(현자).
回(회): 회복하다.
漢惠(한혜): 漢(한)나라 황제인 혜제. 漢(한) 古祖(고조) 劉邦(유방)의 아들. 유방의 정실 呂氏(여씨) 몸에서 태어난 嫡子(적자).
說(열): 傳說(부열). 殷(은)나라 高宗(고종)인 武丁(무정)의 신하.
感(감): 감격하다.
武丁(무정): 殷(은)나라 高宗(고종)으로, 부열을 宰相(재상)으로 삼아 나라를 융성하게 했다.

解說(해설)

　漢(한) 高祖(고조) 劉邦(유방)은 呂后(여후)의 몸에서 난 아들, 즉 후일의 혜제를 태자로 삼았으나 뒤에 척 부인을 사랑한 나머지 그의 소생인 趙王(조왕) 如意(여의)로 태자를 삼으려고 했다. 여후는 張良(장량)의 계책에 따라 상산사호의 助力(조력)을 얻어 한 고조의 마음을 돌려 혜제의 지위를 확보했다. 부열은 商(상: 殷은)나라 무정(고종)이 꿈속에서 상제가 훌륭한 보필을 주시므로 그 얼굴을 그려 천하에 널리 찾아 정승으로 세우니 이는 부열이 무정을 꿈속에서 감동시킨 것이다. 무정은 甲骨(갑골)에도 그 이름이 자주 등장하는 제왕이다.

71. 준예밀물 다사식녕(俊乂密勿 多士寔寧)

俊	乂	密	勿	多	士	寔	寧
준걸 준	어질 예	빽빽할 밀	바쁠 물	많을 다	선비 사	참 식	편안할 녕
しゅん	がい	みつ	ぶつ	た	し	しょく	ねい

☞준예는 밀물하니 다사로 식녕이라
☞재주와 덕이 뛰어난 사람들이 힘써 일하니, 대들보처럼 튼튼하고 많은 인재들이 있어 참으로 푸근하다.

字義(자의)

俊 준걸 준. 준수할 준. 재주가 뛰어난 사람 준. 높을 준. 클 준. 뛰어날 준.
乂 풀 벨 예. 어질 예. 다스릴 예. 정리할 예.
密 빽빽할 밀. 가만할 밀. 깊을 밀. 매우 가까울 밀. 차근차근할 밀. 잘 밀. 조용할 밀. 몰래 밀.
勿 말 물. 없을 물. 정성스러울 물. 바쁠 물.
多 많을 다. 뛰어날 다. 아름다울 다.
士 선비 사. 벼슬 사. 군사 사. 남자 사.
寔 참 식. 진실로 식. 이 식. 뿐 식.
寧 편안할 녕. 차라리 녕. 문안할 녕. 어찌 녕.

句解(구해)

俊乂(준예): 재주가 뛰어난 사람. 재주와 덕이 천 사람 가운데 뛰어난 사람을 俊(준)이라고 하고 백 사람 가운데 뛰어난 사람을 乂(예)라고 한다.
密勿(밀물): 찬찬하고 빈틈이 없다. 顯職(현직) 大臣(대신)들이 일을 잘한다는 말. 多士(다사): 많은 인재.
寔寧(식녕): 참으로 편안하다.

解說(해설)

　준수하고 재주 있는 자들이 경륜을 치밀하게 하니 많은 선비들이 있어서 나라가 편안하다는 말이다. 재주와 덕이 뛰어난 인물들은 조정에 모여 대신으로서 힘써 일했으므로 이로 인해 나라는 실로 편안했다. 동서고금의 어느 나라를 막론하고 나라가 융성하려면 통치자를 잘 보필하는 賢者(현자), 俊乂多士(준예다사)가 있어야 한다.

　"반계이윤"에서부터 본 절까지는 왕실에 공로가 있는 명신을 열거한 것이다.

국가 경영

72. 진초경패 조위곤횡(晉楚更覇 趙魏困橫)

晉	楚	更	覇	趙	魏	困	橫
나라 진	나라 초	번갈을 경	으뜸 패	나라 조	나라 위	곤할 곤	가로 횡
しん	そ	こう	は	ちょう	ぎ	こん	おう

☞진초는 경패하고 조위는 곤횡이라

☞진나라 초나라는 번갈아 패권을 잡았고, 조나라 위나라는 연횡책 탓에 어려움을 겪었다.

字義(자의)

晉 나라 진. 나아갈 진. 꽂을 진. 괘 이름 진. 진나라 진. 晋(진)은 晉(진)의 俗字(속자).
楚 나라 초. 회초리 초. 가시나무 초. 종아리 칠 초. 쓰라릴 초. 초나라 초. 아플 초.
更 번갈을 경. 고칠 경. 시각 경. 바꿀 경. 대신할 경. 다시 갱.
覇 으뜸 패. 패왕 패. 달력 백.
趙 나라 조. 조나라 조. 찌를 조. 오랠 조.
魏 나라 위. 대궐 위. 클 위. 우뚝할 위.
困 곤할 곤. 노곤할 곤. 고심할 곤. 게으를 곤. 어지러울 곤. 괘 이름 곤.
橫 가로 횡. 비낄 횡. 난간목 횡. 거스를 횡. 사나울 횡. 방자할 횡. 여기서는 合從連橫(합종연횡)의 橫(횡)으로 쓴 것임.

句解(구해)

晉楚更覇(진초경패): 진나라와 초나라가 번갈아 覇者(패자: 으뜸가는 나라)가 되었다.
趙魏困橫(조위곤횡): 조나라와 위나라는 연횡설로 곤란을 겪었다. 조나라, 위나라는 진나라와 지리적으로 가까운데, 진나라는 초강대국이었으므로 섬겨야 될지 대항해야 할지 늘 고민하면서 고초를 겪었다는 뜻이다.

解說(해설)

　진, 초, 위는 모두 周代(주대)의 제후국이다. 齊桓公(제환공)이 죽은 다음 해에 晋文公(진문공)과 楚莊王(초장왕)이 교대로 覇者(패자)로 등장하여 제후를 견제했다. 그러나 齊(제)·楚(초)·燕(연)·趙(조)·韓(한)·魏(위)의 6국은 진나라를 섬기라는 張儀(장의)의 連橫說(연횡설)과, 그 반대로 蘇秦(소진)이라는 說客(세객)의 合從說(합종설) 때문에 갈팡질팡하였다. 육국 중에서도 조나라와 위나라는 다른 어느 나라보다도 지리적인 면에 있어 진나라와 싸우면 불리했기 때문에 곤란을 겪었다. 진·초 두 나라의 세력이 강대하여 제후의 패자로서 천하를 호령했지만, 한편 조·위 등의 약소국은 강대국 사이에서 매우 곤란한 지경에 처해 있었다는 말이다.

73. 가도멸괵 천토회맹(假途滅虢 踐土會盟)

假	途	滅	虢	踐	土	會	盟
빌릴 가	길 도	멸할 멸	나라 괵	밟을 천	흙 토	모을 회	맹세 맹
か	と	めっ	かく	せん	ど/と	かい	めい

☞가도하야 멸괵하고 천토에서 회맹하니라

☞길을 빌린다고 하여 괵나라를 없애고, 천토에서 제후를 모아 맹세하게 하였다.

字義(자의)

假 빌릴 가. 거짓 가. 가령 가. 아름다울 가. 잠시 가. 틈 가. 아득할 하. 이를 격.
途 길 도.
滅 죽을 멸. 멸할 멸. 다할 멸. 끊을 멸. 빠뜨릴 멸. 불 꺼질 멸.
虢 나라 괵. 손톱자국 괵. 괵나라 괵.
踐 밟을 천.
土 흙 토. 나라 토. 곳 토. 물 토. 고향 토. 踐土(천토)는 땅 이름임.
會 모을 회. 모둘 회. 맞출 회. 맹세할 회. 조회할 회. 셈 회. 그릴 괴.
盟 맹세 맹. 믿을 맹. 미쁠 맹. 땅이름 맹.

句解(구해)

假途滅虢(가도멸괵): 길을 빌려서 괵나라를 멸망시킨다. 처음에는 길을 빌려 쓰다가 마침내 그 나라를 쳐 없앰.
踐土(천토): 하남성에 있는 地名(지명). 춘추시대에는 鄭(정)나라의 땅이었다.
會盟(회맹): 제후가 모여서 맹약한다. 제후를 모을 수 있는 제후는 바로 覇者(패자)였다.

解說(해설)

　晉(진)나라 獻公(헌공)은 虢(괵)을 치고자 하여 筍息(순식)의 謀策(모책)을 썼다. 즉, 垂棘(수극)에서 나는 구슬과 屈(굴) 지방에서 산출되는 천하의 명마를 虞(우)나라 임금에게 보내며 길을 사용할 수 있도록 요청했다. 이때 우에는 宮之奇(궁지기)라는 策士(책사)가 있어 길을 빌려 주지 말라고 간했으나, 우왕은 뇌물에 눈이 어두워 길을 빌려 주고 말았다. 궁지기는 앞일을 불 보듯 파악하고는 나라를 떠나 버렸다. 晉(진)나라는 괵을 멸하고 군사를 돌려 귀국하는 길에 虞(우)까지 멸해 버렸다. 결국 晉獻公(진헌공)은 筍息(순식)의 계책을 채용하여 虢(괵)나라를 멸했다. 또 晉文公(진문공)은 城濮(성박)의 싸움에서 楚(초)나라 군사를 물리치고 제후를 천토대에 회합시켜 주나라 양왕을 불러 조회하고 주나라에 맹세하게 했으니 이는 천자를 등에 업고 제후들에게 호령한 것이다. 진문공 같은 사람을 覇者(패자)라고 하는 것이다.

假 途 滅 虢 踐 土 會 盟

74. 하준약법 한폐번형(何遵約法 韓弊煩刑)

何	遵	約	法	韓	弊	煩	刑
어찌 하	좇을 준	간략할 약	법 법	나라 한	해질 폐	번거로울 번	형벌 형
か	じゅん	やく	ほう	かん	べい へい	はん	けい

☞하는 준약법하고 한은 폐번형이니라

☞한나라 蕭何(소하)는 약법삼장을 준수했고, 한비자는 번거롭고 가혹한 형벌로 진나라에 폐해를 가져왔다.

字義(자의)

何 어찌 하. 무엇 하. 누구 하. 어느 하. 꾸짖을 하. 멜 하. 여기서는 蕭何(소하)라는 인물을 가리킨 말임.
遵 좇을 준. 행할 준. 지킬 준. 따라갈 준.
約 묶을 약. 맺을 약. 요약할 약. 맹세할 약. 기약할 약. 구차할 약. 대략 약. 간략할 약. 검소할 약. 언약할 요. 미쁠 요.
法 법 법. 본받을 법. 형벌 법. 떳떳할 법. 約法(약법)은 글로 써서 다짐한 법률을 말함.
韓 나라 한. 성 한. 여기서는 韓非(한비)라는 인물을 이르는 말임.
弊 해질 폐. 폐단 폐. 해칠 폐. 곤할 폐. 엎드릴 폐.
煩 번거로울 번. 간섭할 번. 번열증 날 번. 수고로울 번. 민망할 번. 괴로울 번.
刑 형벌 형. 법률 형. 목 벨 형. 모범 될 형.

句解(구해)

何(하): 소하. 蕭何(소하)는 漢高祖(한고조) 劉邦(유방)의 신하이다.
遵(준): 遵守(준수)하다.
約法(약법): 간략한 법. '약법 삼장'이다.
韓(한): 韓非(한비)는 韓(한)나라 公子(공자)로 法家(법가)사상을 부르짖은 사람임. 한비자라고 부른다.
弊(폐): 폐를 끼치다. 폐단을 일으키다. 弊害(폐해)를 가져오다.
煩刑(번형): 번거로운 형벌. 복잡한 형벌.

解說(해설)

　　소하라는 인물은 간략한 법으로 나라를 다스렸고, 한비자는 번거로운 형벌 때문에 나라를 피폐하게 만들었으니 법률을 맡은 관리가 법을 간략하게 쓰면 나라가 흥하고 번거롭게 쓰면 나라가 망할 수도 있다는 말이다. 진나라는 천하 통일을 이룬 후 40여 년 만에 멸망하니, 다른 원인도 있겠으나 번거로운 형벌의 폐해 때문이었다고 보는 것이다. 소하는 한나라 고조 유방이 말한 약법 삼장의 법만 썼는데 여기에 가감하여 한나라 400년을 이끌어 갔다. 백성을 다스리는 데는 법보다 덕을 앞세워야 한다는 점을 시사하는 구절이다.

75. 기전파목 용군최정(起翦頗牧 用軍最精)

起	翦	頗	牧	用	軍	最	精
일어날 기	자를 전	자못 파	칠 목	쓸 용	군사 군	가장 최	정밀할 정
き	せん	は	ぼく	よう	ぐん	さい	せい

☞기전파목은 용군이 최정하여
☞백기, 왕전, 염파, 이목 등은 군사 부리기를 가장 빈틈없이 하여,

字義(자의)

起 일어날 기. 일 기. 기동할 기. 설 기. 일으킬 기. 다시 기. 여기서는 白起(백기)라는 인물을 이르는 말임.
翦 자를 전. 깎을 전. 엷을 전. 베어 없앨 전. 멸할 전. 여기서는 王翦(왕전)이라는 인물을 이르는 말임.
頗 자못 파. 비뚤어질 파. 치우칠 파. 여기서는 廉頗(염파)라는 인물을 이르는 말 임.
牧 칠 목. 기를 목. 다스릴 목. 살필 목. 목장 목. 목단 목. 여기서는 李牧(이목)이라는 인물을 가리키는 말임.
用 쓸 용. 쓰일 용. 씀씀이 용. 부릴 용. 써 용. 통할 용.
軍 군사 군. 진칠 군.
最 가장 최. 우뚝할 최. 나을 최. 백성 모을 최. 우두머리 최.
精 쓿은 쌀 정. 정할 정. 가릴 정. 세밀할 정. 전일할 정. 정교할 정. 정신 정. 정기 정. 깨끗할 정. 흴 정. 정충 정. 정액 정. 묘할 정. 날카로울 정. 정성스러울 정.

句解(구해)

起(기): 白起(백기) 장군
翦(전): 王翦(왕전) 장군
頗(파): 廉頗(염파) 장군
牧(목): 李牧(이목) 장군
用軍最精(용군최정): 군사를 운용하는 것이 가장 정밀하다.

解說(해설)

　백기, 왕전, 염파, 이목 등은 武將(무장)으로서 그 用兵術(용병술)이 뛰어났던 것을 찬양한 글로서, 春秋戰國時代(춘추전국시대)의 군용쟁패에 이어 群王(군왕)을 보좌한 명장의 활동을 기록한 것이다.

76. 선위사막 치예단청(宣威沙漠 馳譽丹靑)

宣	威	沙	漠	馳	譽	丹	靑
베풀 선	위엄 위	모래 사	아득할 막	달릴 치	기릴 예	붉을 단	푸를 청
せん	い	さ	ばく	ち	よ	たん	せい

☞선위사막하고 치예단청하니라
☞名將(명장)은 위엄을 사막에까지 떨쳤는데, 그 명예는 말달리듯 그림으로써 그려져 후세에 전했다.

字義(자의)

宣 베풀 선. 펼 선. 밝힐 선. 보일 선. 임금이 스스로 말할 선. 말할 선.
威 위엄 위. 세력 위. 으를 위. 거동 위.
沙 모래 사. 바닷가 사. 물가 사.
漠 아득할 막. 멀 막. 고요할 막. 모래벌판 막, 사막 막. 넓을 막. 쓸쓸할 막.
馳 달릴 치. 전할 치. 거둥길 치.
譽 기릴 예. 명예 예. 칭찬할 예. 이름 날 예. 즐길 예.
丹 붉을 단. 마음 단. 신약 단. 주사 단.
靑 푸를 청. 대껍질 청. 젊을 청.

句解(구해)

宣威(선위): 威勢(위세)를 떨친다.
沙漠(사막): 모래벌판인 不毛地帶(불모지대).
馳譽(치예): 명성이 마치 말을 달리듯 빨리 전해진다.
丹靑(단청): 여러 가지 빛깔로 그림과 무늬를 그리다.

解說(해설)

　전문에서 말한 진나라의 백기와 왕전이나 조나라의 염파와 이목 같은 명장들은 전쟁에서 승리하여 그 위력을 사막 끝에까지 떨쳤다. 그런데 漢(한)나라의 宣帝(선제)는 11명의 功臣(공신)을 공의 대소에 따라 순서대로 麒麟閣(기린각)에 그리게 하고, 後漢(후한)의 明帝(명제)는 공신 32명을 남궁의 雲臺(운대)에 그리게 하니, 그들의 명성은 마치 말이 달리는 것같이 丹靑(단청)으로 그려져 후세에 전했다는 뜻이다.

역사 · 신화 · 지리

77. 구주우적 백군진병(九州禹跡 百郡秦幷)

九	州	禹	跡	百	郡	秦	幷
아홉 구	고을 주	임금 우	자취 적	일백 백	고을 군	나라 진	아우를 병
きゅう く	しゅう	う	せき	ひゃく	ぐん	しん	へい べい

☞구주는 우적이요 백군은 진병이라

☞9주는 夏(하)나라 우임금의 공적의 자취요, 백군을 둔 것은 진나라 때의 합병으로부터 시작된 것이다.

字義(자의)

九 아홉 구. 모을 규. 糾(규)와 통함.
州 고을 주. 마을 주. 나라 주. 주 주. 섬 주.
禹 임금 우. 하우씨 우. 성 우. 펼 우. 느즈러질 우.
跡 자취 적. 뒤밟을 적. 迹蹟(적)과 같음.
百 온 백. 일백 백. 힘쓸 맥(백). 길잡이 맥.
郡 고을 군.
秦 나라 진. 진나라 진. 진벼 진. 진시황 진. 이 말에서 차이나가 유래됨.
幷 아우를 병. 합할 병. 같을 병. 겸할 병.

句解(구해)

九州(구주): 중국 땅을 맨 처음 黃帝(황제－軒轅헌원)가 아홉으로 나누었다고 하기도 하고, 顓頊(전욱)이 나누었다고도 한다. 舜(순)임금은 12개 주로 나누었다가 夏(하)나라 禹(우)임금은 다시 9주로 나누었다고 한다.

禹跡(우적): 하나라 우임금이 세운 공적의 자취. 우임금은 구 년 홍수를 다스리고 나라를 구했으며 그 공으로 순임금에게 임금 자리를 물려받았다고 한다.

百郡秦幷(백군진병): 모든 군을 秦(진)나라가 合幷(합병)했다. 모든 군을 秦始皇(진시황)이 처음으로 천하 통일했다. '秦(진)'에서 'China'라는 말이 생겨났다. 이 말은 진나라이자 도자기를 나타낸다.

解說(해설)

하나라 禹(우)임금, 진나라 진시황이 지세에 따라 주, 군을 획정한 시초를 말한 것이다. 우는 산을 따라 나무를 베어 길을 통하게 해서 구주를 분별하였다. 우임금은 洪水(홍수)를 다스린 공으로 순임금에게서 나라를 물려받은 사람이다. 진시황은 최초로 중국을 통일했다. 전 왕조에서는 친척에게 봉토를 나누어 주고 다스리게 했으나 세월이 흘러 뿔뿔이 독립하여 천하가 여러 나라로 갈라지고 다툼이 심해졌다. 진시황은 이러한 폐단을 없애려고 봉토를 관리들에게 맡겨 통치했다. 그러나 통일된 지 40여 년이 지나 진나라는 멸망했다.

78. 악종항대 선주운정(嶽宗恒岱 禪主云亭)

嶽	宗	恒	岱	禪	主	云	亭
멧부리 악	마루 종	항상 항	태산 대	터 닦을 선	주인 주	이을 운	정자 정
がく	そう しゅう	こう	たい だい	ぜん	しゅ	うん	てい

☞악은 종항대하고 선은 주운정하니라
☞다섯 산 중에는 항산과 태산을 조종으로 삼았고, 봉선제를 올리는 산으로 운운산과 정정산을 소중하게 여겼다.

字義(자의)

嶽 멧부리 악. 높은 산 악. 큰 산 악. 五嶽(오악)을 말함.
宗 마루 종. 밑 종. 밑동 종. 높을 종. 일가 종. 겨레 종. 우러러 받들 종. 가묘 종.
恒 항상 항. 늘 항. 언제든지 항. 두루 할 긍. 여기서는 恒山(항산)을 가리킴.
岱 뫼 대. 산 이름 대. 泰山(태산)을 달리 부르는 말.
禪 터 닦을 선. 봉선할 선. 고요할 선. 선위(자리전할)할 선.
主 주인 주. 임금 주. 주장할 주. 거느릴 주. 어른 주. 높일 주.
云 이를 운. 이러저러할 운. 돌아갈 운. 어조사 운. 여기서는 云云山(운운산)을 줄여서 한 말임.
亭 정자 정. 주막집 정. 여관 정. 우뚝할 정. 고를 정. 여기서는 亭亭山(정정산)을 줄여서 한 말임.

句解(구해)

嶽宗恒岱(악종항대): 東嶽(동악)인 泰山(태산), 西嶽(서악)인 華山(화산), 南嶽(남악)인 衡山(형산), 北嶽(북악)인 恒山(항산), 中嶽(중악)인 嵩山(숭산)을 五嶽(오악)이라고 하고 이 오악이 곧 악이며, 이 오악 중에서 항산과 岱山(대산: 태산)을 祖宗(조종)으로 삼는다는 뜻이다. 종은 존중한다는 뜻이다. 岱(대)는 泰山(태산)의 다른 이름이다.
禪主云亭(선주운정): 선제를 올리는 곳으로는 운운산과 정정산을 소중하게 여겼다.

解說(해설)

　중국의 옛 제왕들이 제위에 오를 때는 태산에 올라 封禪(봉선) 제사를 지냈다. 상고시대 때 순임금이 임금 자리에 올라 동서남북의 각 산에 올라 제사를 지낸 뒤로 역대 제왕들도 임금 자리에 오르면 오악에 올라 제사를 지냈다. 태산에 흙을 쌓아 단을 만들고 하늘의 공덕에 보답하는 것을 '封(봉)'이라 하였고, 태산 아래 云云山(운운산) 또는 亭亭山(정정산)에서 땅을 편편하게 고른 다음 땅의 공덕에 보답하는 제사를 지내는 것이 '禪(선)'이라고 했다.

79. 안문자새 계전적성(雁門紫塞 鷄田赤城)

雁	門	紫	塞	鷄	田	赤	城
기러기 안	문 문	붉을 자	변방 새	닭 계	밭 전	붉을 적	재 성
がん	もん	し	さい そく	けい	でん	せき	じょう

☞안문자새와 계전적성이며

☞雁門(안문)과 紫塞(자새), 鷄田(계전)과 赤城(적성)이며,

字義(자의)

雁　기러기 안. 鴈(안)과 같음.
門　문 문. 집 문. 집안 문. 길 문.
紫　붉을 자. 꼭두서니 빛 자. 자줏빛 자.
塞　변방 새. 주사위 새. 막을 색. 막힐 색.
鷄　닭 계. 베짱이 계. 계
田　밭 전. 사냥할 전. 북 이름 전. 수레 이름 전. 논 전.
赤　붉을 적. 빨간 적. 금치 적.
城　재 성. 서울 성. 보루 성.

句解(구해)

雁門(안문): 山西省(산서성) 서북방에 있는 關門(관문)의 이름이다. 관문이란 邊方(변방) 要塞(요새)에 있는 중요 通路(통로)이다. 산서성 북부가 안문인데, 고대에는 이곳을 代(대)라고 하였고, 중국 역사를 통하여 한족과 동이계의 제 민족이 쟁탈을 거듭한 곳이다. 안문이라는 지명은 높은 산봉우리 사이로 기러기가 날아다닌다고 해서 유래되었다고 한다.

紫塞(자새): 萬里長城(만리장성)의 다른 이름이 자새이다. 자줏빛 요새로, 만리장성에 있는 흙의 빛깔이 紫色(자색)이므로 자새라는 말이 나왔다.

鷄田(계전): 지명 이름이다. 오늘날 冀州(기주) 땅에 있던 驛站(역참)의 이름이다.

赤城(적성): 지명 이름이다. 만리장성 밖, 오늘날의 宣府(선부)로 東夷族(동이족)의 걸출한 지도자로 알려진 蚩尤(치우)가 살던 땅이다.

解說(해설)

　위 글은 중국 북쪽지방의 유명한 곳을 소개한 것이다. 기러기 왕래하는 안문관이 있는가 하면 만리장성이 가로놓여 있으며, 계전이라는 변방의 광막한 지역이 있고 옛날 蚩尤(치우)가 살던 적성도 있다는 뜻이다. 특히 계전과 적성은 주나라 문왕과 진나라 목공이 암탉을 얻고 왕이 되었다고 하는 곳이다.

80. 곤지갈석 거야동정(昆池碣石 鉅野洞庭)

昆	池	碣	石	鉅	野	洞	庭
맏 곤	못 지	선돌 갈	돌 석	클 거	들 야	골 동	뜰 정
こん	ち	けつ	せき	きょ	や	どう	てい

☞곤지갈석과 거야동정은
☞곤지는 곤명현에, 갈석은 부평에, 거야는 태산 동쪽에, 동정호는 원강 남쪽에 있다.

字義(자의)

昆 맏 곤. 언니 곤. 형 곤. 뒤 곤. 손자 곤. 같을 곤. 덩어리 혼. 서쪽 오랑캐 이름 혼.
池 못 지. 풍류 이름 지. 해자 지. 물 이름 타.
碣 우뚝 선 돌 갈. 비 갈. 동해산 이름 갈. 돌 세울 계.
石 돌 석. 저울 석. 단단할 석. 섬 석. 경쇠 석. 굳을 석.
鉅 클 거. 갈고리 거. 강한 쇠 거. 낚시 거.
野 들 야. 촌스러울 야. 미개할 야. 백성 야. 인민 야. 야심 야. 길들지 아니할 야.
洞 골 동. 연할 동. 빌 동. 동네 동. 구렁 동. 공손할 동. 조심할 동. 밝을 동.
庭 뜰 정. 곧을 정. 조정 정.

句解(구해)

昆池(곤지): 곤명지이다. 昆明池(곤명지)는 漢武帝(한무제) 때 인도로 가는 무역로가 昆明國(곤명국)에 의해 자주 막히자 이를 무찌르기 위해 水軍(수군)을 훈련시키려고 長安(장안) 서남쪽에 판 큰 못이다.
碣石(갈석): 갈석산. 碣石(갈석)은 河北省(하북성) 昌黎懸(창려현) 북쪽에 있는 큰 산. 만리장성이 동쪽으로 끝나는 곳이 갈석산이라고 ≪史記(사기)≫에 나와 있다.
鉅野(거야): 山東省(산동성)에 있는 큰 들이다. 巨澤(거택), 澤野(택야)이다.
洞庭(동정): 洞庭湖(동정호). 湖南省(호남성)에 있는 큰 호수이다. 중국 제일의 담수호이다.

解說(해설)

중국에는 험산, 대호, 거야가 많은데, 못으로는 곤지이고 산으로는 갈석이며, 들로는 거야이고 호수로는 동정호가 그 대표적인 것이다. 거야는 태산 동쪽에 있고 동정호는 양자강 남쪽에 있다. 앞 절에 이어 중국의 지리를 소개한 것이다. 險山(험산)은 험한 산이고, 大湖(대호)는 바다처럼 큰 호수이며, 鉅野(거야)는 巨野(거야)이므로, 거대한 평원이라는 말이다.

81. 광원면막 암수묘명(曠遠綿邈 巖岫杳冥)

曠	遠	綿	邈	巖	岫	杳	冥
빌 광	멀 원	잇닿을 면	멀 막	바위 암	멧부리 수	아득할 묘	어두울 명
こう	えん / いん	めん	ばく	がん	しゅう	よう	めい

☞광원은 면막하고 암수는 묘명하니라
☞산과 들이 드넓어 아스라이 멀고, 호와 택은 아득하게 깊다.

字義(자의)

曠　빌 광. 밝을 광. 오랠 광. 넓을 광. 휑할 광. 멀 광. 홀아비 광.
遠　멀 원. 심오할 원. 깊을 원. 멀리할 원.
綿　솜 면. 동일 면. 얽을 면. 끊어지지 않을 면. 연할 면.
邈　멀 막. 아득할 막. 업신여길 막. 민망할 막. 근심할 막.
巖　바위 암. 험할 암. 가파를 암. 높을 엄.
岫　멧부리 수. 산봉우리 수. 산굴 수. 바위구멍 수.
杳　아득할 묘. 깊을 묘. 너그러울 묘. 어두울 묘.
冥　어두울 명. 밤 명. 바다 명. 지식이 없을 명. 하늘 명. 어리석을 명. 물귀신 명. 저승 명. 그윽할 명.

句解(구해)

曠遠(광원): 넓고 아득히 멀다.
綿邈(면막): 연이어져 아득하다.
巖岫(암수): 돌산의 동굴. 돌산의 갈라진 틈. 巖岫(암수)라는 말은 ≪黃帝(황제)≫ 素簡(소간) 六元正紀大論(육원정기대론)에 "소나무는 고산에서 읊조리고 호랑이는 암수에서 으르렁거린다(松吟高山 虎嘯巖岫 송음고산 호소암수)."라고 나와 있다.
杳冥(묘명): 어두침침하고 고요하다. 어두침침하고 그윽하다.

解說(해설)

　암수는 산이 높아서 오를 수 없는 곳이고, 묘명은 물이 깊어서 헤아릴 수 없는 곳이다. 그러므로 산과 들이 광막하고 멀며, 바위와 멧부리가 높이 솟고, 물은 아득하고 깊다는 뜻이다.
9주의 광활한 지역은 邊方(변방) 要塞(요새)나 湖水(호수)나 연못들이 廣闊(광활)하게 계속되고 있어서 끝이 없으며, 산과 골짜기는 동굴과도 같아서 깊고 컴컴하다는 말이다.

농사·제사·정치

82. 치본어농 무자가색(治本於農 務玆稼穡)

治	本	於	農	務	玆	稼	穡
다스릴 치	근본 본	어조사 어	농사 농	힘쓸 무	이 자	심을 가	거둘 색
じ/ち	ほん	お	のう	む	じ/し	か	しょく

☞치본어농하야 무자가색이라
☞다스림은 농사로써 밑바탕을 삼으니, 바로 이 심고 거두는 일에 힘쓰게 하라.

字義(자의)

治 다스릴 치. 가릴 치. 칠 치. 다듬을 치. 치료할 치. 고을 치.
本 근본 본. 뿌리 본. 정말 본. 당자 본. 책 본. 밑 본.
於 어조사 어. 에 어. 여기 어. 이보다 어. 있을 어. 땅 이름 오. 오흡다할 오.
農 농사 농. 힘쓸 농. 농부 농.
務 힘쓸 무. 일 무. 직분 무.
玆 이 자. 흐릴 자. 검을 자. 이에(발어사) 자.
稼 심을 가. 곡식 가.
穡 거둘 색. 아낄 색. 농사 색. 추수 색.

句解(구해)

治本於農(치본어농): 政治(정치)하는 근본은 농사에 터전을 둔다.
務玆(무자): 이에 힘쓴다.
稼穡(가색): 심고 거두는 일. 곧 農事(농사)

解說(해설)

　농업으로써 나라 다스리는 근본을 삼으니 백성들은 곡물을 심고 거두는 일에 힘써야 한다. **農者天下之大本(농자천하지대본)**이니 농사에 힘쓰라는 말이다. 옛날에 농사일만큼 중요한 것은 없었다. 심고 거두는 일이 제대로 되어야 세금도 걷고 나라가 유지되고 백성들은 먹고산다. 흉년이 몇 해 거듭되면 왕조가 사라지기도 한다. 반란과 역성혁명이 일어나는 것이다. 농사에 국운이 달려 있고 온 백성의 생사가 달려 있으므로 농사철에는 전쟁을 일으켜 징발하는 일을 피했고 賦役(부역)도 시키지 않는다.

83. 숙재남무 아예서직(俶載南畝 我藝黍稷)

俶	載	南	畝	我	藝	黍	稷
비로소 숙	일할 재	남녘 남	이랑 무	나 아	심을 예	기장 서	피 직
しゅく	さい	なん	ぼ/ほ	が	げい	しょ	しょく

☞숙재남무하니 아예서직하며
☞남쪽 이랑에 나가 일을 비롯하니, 나는 메기장과 차기장을 심으며,

字義(자의)

俶 비로소 숙. 처음 숙. 지을 숙. 일으킬 숙. 정돈할 숙. 심할 숙.
載 실을 재. 일 재. 해 재. 가득할 재. 오를 재.
南 남녘 남. 성 남. 임금 남. 앞 남.
畝 이랑 무. 밭두둑 무. '묘'라고도 읽음.
我 나 아. 아쪽 아. 고집 부릴 아. 우리 아. 여기서는 諸侯(제후) 스스로가 나라고 하는 말임.
藝 심을 예. 재주 예. 글 예. 분별할 예.
黍 기장 서. 메기장 서.
稷 피 직. 메기장 직. 사직 직. 곡식신 직. 농관 직.

句解(구해)

俶載(숙재): 일을 처음 시작한다. 일을 비로소 시작한다.
南畝(남무): 남쪽 밭두둑. 周(주)나라 제도에 사방 6척을 步(보)라 하고, 100보를 畝(묘, 무)라고 했는데, 秦(진)나라에 와서는 240보를 한 畝(무)로 정했다.
我藝黍稷(아예서직): 나는 기장을 심는다. '黍(서)'는 '수수' 또는 '기장'이고 '稷(직)'은 '피'를 말하지만, '黍稷(서직)'으로 붙여 쓸 때는 '黍(서)'는 메기장, '稷(직)'은 차기장을 나타낸다.

解說(해설)

　한 해의 농사가 시작되는 봄이면 남쪽 밭에서 일을 시작하며, 오곡의 으뜸인 서직을 심는다는 말이다. 기장은 오곡의 하나이다. 쌀은 기장보다 후대에 나왔다고 한다. 그러므로 가장 중요한 식량이었다. 한 집안 한 나라를 다스리는 데 있어서 기본은 식량이며 조상에게 제사를 지낼 곡식이다. 백성이나 제후나 제사음식을 스스로 심어야 하는데 그 으뜸이 기장이다.
농사에 힘써 식량을 확보하는 일이 治國平天下(치국평천하)의 근본이 되는 것이고, 조상을 잘 섬기는 일이니 농사에 힘쓰며 조상을 잘 섬기자는 말이다.

84. 세숙공신 권상출척(稅熟貢新 勸賞黜陟)

稅	熟	貢	新	勸	賞	黜	陟
구실 세	익을 숙	바칠 공	새 신	권할 권	상줄 상	내칠 출	오를 척
ぜい	じゅく	こう	しん	かん	しょう	ちゅつ	ちょく

☞세숙공신하고 권상출척이라

☞익은 곡식으로 세금 내고 새 곡식으로 종묘에 제사를 지내는데, 권면하여 상을 주거나 벌주어 내치기도 한다.

字義(자의)

稅　구실 세. 부세 세. 세납 세. 거둘 세. 추복 입을 태. 풀 탈. 풀을 탈.
熟　익을 숙. 익힐 숙. 무르익을 숙. 풍년 들 숙.
貢　바칠 공. 천거할 공. 세 바칠 공. 나아갈 공. 구실 공.
新　새 신. 처음 신. 새로울 신. 고울 신. 새롭게 할 신. 옛 나라 이름 신.
勸　권할 권. 도울 권. 힘껏 할 권. 가르칠 권. 따를 권.
賞　상줄 상. 구경할 상. 아름다울 상. 완상할 상.
黜　내칠 출. 물리칠 출. 떨어뜨릴 출.
陟　오를 척. 올릴 척.

句解(구해)

稅熟(세숙): 익은 곡식에 課稅(과세)한다.
貢新(공신): 새로 추수한 곡식을 바친다.
勸賞(권상): 권면하여 상을 준다.
黜陟(출척): (관직의 등급을) 떨어뜨리기도 하고 올리기도 한다. 유공자는 올리고 그렇지 못한 자는 내쫓는다.

解說(해설)

　　농사(농사꾼)는 곡식으로 세금을 내고 새 곡식으로 제사를 지낸다. 나라에서는 세금을 거두고 종묘사직에 제사를 지낸다. 따라서 농업을 다스리는 有司(유사: 벼슬아치)는 그 직분을 다하여 농사를 勸勉(권면)하여 새로 거두어들인 곡식을 조세로 獻納(헌납)하게 하여야 한다. 貢稅(공세)의 의무를 다하면 통치자는 유사에게 상을 주거나 혹은 관직의 등급을 올려 褒賞(포상)하고, 監督(감독)이 소홀하여 세금을 제대로 걷지 못했을 경우 벼슬아치를 벌주거나 내쫓았다. 이렇게 해서 농업을 장려하고, 조세를 거두며 官紀(관기)를 肅正(숙정)했다.

올바른 처신

85. 맹가돈소 사어병직(孟軻敦素 史魚秉直)

孟	軻	敦	素	史	魚	秉	直
맏 맹	굴대 가	도타울 돈	바탕 소	사기 사	물고기 어	잡을 병	곧을 직
もう	か	とん	そ/す	し	ぎょ	へい	ちょく

☞맹가는 돈소하고 사어는 병직하니라
☞맹자는 바탕을 도탑게 하였고, 사어는 올곧음을 굳게 지켰다.

字義(자의)

孟 맏 맹. 우두머리 맹. 첫 맹. 힘쓸 맹. 클 맹. 맹랑할 맹. 성 맹.
軻 수레굴대 가. 높을 가. 맹자 이름 가.
敦 도타울 돈. 힘쓸 돈. 다스릴 퇴. 옥쟁반 대. 그림 그린 활 조.
素 흴 소. 바탕 소. 본디 소. 빌 소. 순색 소. 원소 소. 채식 소.
史 사기 사. 역사 사. 사관 사. 성 사.
魚 물고기 어. 생선 어. 고기 잡을 어. 좀 어.
秉 잡을 병. 움큼 병. 벼 묶음 병. 열여섯 휘 병. 자루 병.
直 곧을 직. 바를 직. 번들 직. 값 치.

句解(구해)

孟軻(맹가): 맹자의 이름이 軻(가)이다.
敦素(돈소): 하늘로부터 부여받은 質朴(질박), 素朴(소박)한 성품을 온전히 하려고 마음을 두텁게 기른다. 맹자가 性善說(성선설)을 주장했는데 성선설의 기초가 되는 말이다.
史魚(사어): 춘추시대 위나라 대부. 史(사)는 관직 이름인데, 魚(어)의 字(자)가 子魚(자어)이므로 합하여 史魚(사어)라고 쓴 것임. 이름은 鰌(추)임.
秉直(병직): 正直(정직)을 잡는다. 정직한 태도를 堅持(견지)한다.

解說(해설)

　맹자는 본바탕을 돈독히 닦았으며 천부의 소성을 완수하고자 돈소설을 제창했고, 사어는 한결같이 하여 正直(정직)함을 잃지 않았다. 임금 앞에서도 죽기로 맹세하고 간언을 했다.

86. 서기중용 노겸근칙(庶幾中庸 勞謙謹勅)

庶	幾	中	庸	勞	謙	謹	勅
바랄 서	거진 기	가운데 중	떳떳할 용	수고로울 로	겸손할 겸	삼갈 근	신칙할 칙
しょ	き	ちゅう	よう	ろう	けん	きん	ちょく

☞서기중용하고 노겸근칙하라
☞중용에 가깝고자 한다면 부지런히 일하고 고분고분하고 삼가고 잡도리해야 한다.

字義(자의)

庶 바라건대 서. 무리 서. 여럿 서. 거의 서. 백성 서. 많을 서. 서자 서.
幾 바랄 기. 거진 기. 거의 기. 얼마 기. 기미 기. 가까울 기. 위태할 기. 살필 기. 어찌 기.
中 가운데 중. 안쪽 중. 마음 중. 맞힐 중. 뚫을 중. 바른 덕 중. 당할 중.
庸 떳떳할 용. 항상 용. 쓸 용. 어리석을 용. 범상할 용. 화할 용. 어찌 용. 부세 용.
勞 수고로울 로. 일할 로. 고단할 로. 근심할 로. 괴로울 로. 부지런할 로. 위로할 로.
謙 겸손할 겸. 사양할 겸. 괘 이름 겸.
謹 삼갈 근. 공경할 근. 오로지 근.
勅 신칙할 칙. 칙령 칙. 삼갈 칙.

句解(구해)

庶幾(서기): 바란다. ~하길 바란다. '庶幾(서기)'란 여러 사람이나 또는 많은 갈래(부분)가 앞으로 어느 정해진 곳으로 가고자 움직이거나 바뀌려는 조짐을 뜻하는 말임.
中庸(중용): 치우치거나 기대지 않으면서 모자람이 없는 것을 '中(중)'이라 하고, 온 누리의 결정된 이치로서 바뀌지 않는 도리를 '庸(용)'이라 함. 중용이란 過不及(과불급)이 없는 상태이므로 어느 쪽으로든 치우침이 없는 것을 나타내며, 中正(중정), 時中(시중)이라고도 한다.
勞謙(노겸): 힘써 일하며 겸손하다는 뜻이다.
謹勅(근칙): 삼가 경계하라는 뜻이다.

解說(해설)

　극단에 치우치지 않고 지나치거나 모자람이 없는 중용을 바란다면 힘써 일하고 겸손하며 삼가 경계하라는 말이다. 중용은 과불급이 없는 상태인데 이를 바란다면 常道(상도)를 이행하도록 깊이 마음속에 새겨 두고 항상 자기의 직분에 부지런하며 남보다 자기가 잘났다고 자만하지 말아야 한다. 또 자기 분수에 맞추어 겸손하고 과실이 없도록 삼가라는 말이다.

87. 영음찰리 감모변색(聆音察理 鑑貌辨色)

聆	音	察	理	鑑	貌	辨	色
들을 령	소리 음	살필 찰	이치 리	볼 감	모양 모	분별할 변	빛 색
れい	おん	さつ	り	かん	ぼう	べん	しょく

☞영음찰리하고 감모변색하니라
☞소리를 듣고 갈피를 잡으며, 생김새를 보고 낌새를 가리어 안다.

字義(자의)

聆 들을 령. 깨달을 령.
音 소리 음. 말소리 음. 편지 음. 소식 음. 음 음. 음악 음.
察 살필 찰. 알 찰. 볼 찰. 밝힐 찰. 상고할 찰. 드러날 찰.
理 이치 리. 도리 리. 다스릴 리. 바를 리. 성품 리. 고칠 리. 정리할 리.
鑑 거울 감. 볼 감. 밝을 감. 비칠 감. 책이름 감. 본뜰 감. 경계할 감.
貌 모양 모. 꼴 모. 얼굴 모. 짓 모. 겉 모. 모뜰 막. 멀 막.
辨 분별할 변. 판단할 변. 구별할 변. 쟁론할 변. 아홉 갈피 변. 구비할 변.
色 빛 색. 낯 색. 색 색. 핏대 올릴 색. 모양 색. 놀랄 색. 계집 색.

句解(구해)

聆音(영음): 남의 말을 듣는다.
察理(찰리): 이치를 자세히 살핀다.
鑑貌(감모): 모양을 거울에 비춰 본다.
辨色(변색): 안색을 구별한다.

解說(해설)

　　일찍이 **孔子**(공자)도 말하기를 "~대체로 통달했다는 것은, 바탕이 곧고 의리를 좋아하며 말을 들어 살피고 기색을 보아 그 사람의 마음을 알고 또 생각함으로써 남의 아랫사람 노릇을 하는 것이다."라고 했다. 남의 말을 듣고 그 말 속의 이치를 살피며, 또 그 용모와 안색을 거울삼아 그 심중을 분별하라는 말이다.
　　남과 만날 때는 언제나 그 목소리와 용모와 안색을 잘 살피고 타인의 목소리를 진지하게 듣고 의중을 잘 파악해야 좋은 관계가 만들어지고 대인관계도 좋아지고 남을 잘 대접하는 일이 되는 것이다. 특히 아랫사람이 윗사람을 대할 때 이렇게 한다면 윗사람에게 고임을 받을 수 있다.

88. 이궐가유 면기지식(貽厥嘉猷 勉其祗植)

貽	厥	嘉	猷	勉	其	祗	植
줄 이	그 궐	가상할 가	꾀 유	힘쓸 면	그 기	공경 지	심을 식
い	けつ	か	ゆう けん	べん	き	し	しょく

☞이궐가유하고 면기지식하라
☞그분에게 아름다운 꾀를 주고, 그 계책이 뿌리내리도록 힘쓰라.

字義(자의)

貽 줄 이. 끼칠 이. 검은 자개 이.
厥 그 궐. 그것 궐. 상기 궐. 짧을 궐. 절할 절. 나라 이름 굴.
嘉 아름다울 가. 경사스러울 가. 맛 좋을 가. 착할 가. 기릴 가. 즐거울 가.
猷 꾀 유. 옳을 유. 같을 유. 탄식할 유. 그릴 유.
勉 힘쓸 면. 장려할 면. 부지런할 면. 강인할 면.
其 그 기. 그것 기. 어조사 기. 토씨 기.
祗 공경 지. 삼갈 지.
植 심을 식. 세울 식. 세울 치. 두목 치.

句解(구해)

貽厥嘉猷(이궐가유): 아름다운 꾀가 있으면 그분에게 드려라. 또는 '그 훌륭한 계책을 남긴다'라고 해석하기도 함.
勉其祗植(면기지식): 공경하는 마음을 심도록 힘쓰다.

解說(해설)

　≪書經(서경)≫ 君陳(군진)의 "너에게 아름다운 계획과 아름다운 꾀가 있거든 들어가서 임금께 고하라(爾有嘉謀嘉獻 則入告 爾后于 內 이유가모가헌 즉입고 이후우내)."라는 구절에 의거하여 풀이한다면 '덕성을 양성하면 훌륭한 계책을 뒤에까지 남길 것이고, 힘써 공경하여 實德(실덕)을 심을 것이다.'라는 해석이 나온다. 군자의 행실과 관련지어 풀이하면 '그 아름다운 계책을 끼쳐 줄 것이니 기꺼이 좋은 도를 심기에 힘써라.'라는 해석이 나온다. 군자는 자손들에게 아름다운 계책을 물려주니 기꺼이 좋은 도를 심기에 힘써야 한다는 말이다. 본디 '면기지식'하여 '이궐가유'라고 할 것이지만 韻字(운자)를 맞추기 위해 句(구)의 위치를 바꿔 植(식) 자를 끝에 붙였다.

89. 성궁기계 총증항극(省躬譏誡 寵增抗極)

省	躬	譏	誡	寵	增	抗	極
살필 성	몸 궁	나무랄 기	경계할 계	고일 총	더할 증	겨룰 항	다할 극
せい しょう	きゅう	き	かい	ちょう	ぞう	こう	きょく

☞성궁기계하고 총증항극하라
☞자기 몸을 살펴 남이 나를 비방하는가 조심하고 임금의 사랑이 더할수록 抗拒心(항거심)이 극에 달할 것이라.

字義(자의)

省 살필 성. 덜 생. 깨달을 성. 아낄 생. 인색할 생. 생략할 생. 치워 버릴 생.
躬 몸 궁. 몸소 궁. 몸소 행할 궁.
譏 나무랄 기. 꾸짖을 기. 엿볼 기. 기찰할 기. 간할 기.
誡 경계할 경. 고할 계. 명할 계.
寵 고일 총. 사랑할 총. 임금께 총애받을 총. 은혜 총. 영화로울 총. 첩 총.
增 더할 증. 점점 증. 거듭 증.
抗 겨룰 항. 막을 항. 항거할 항. 높을 항.
極 다할 극. 지극할 극. 한끝 극. 마칠 극. 궁진할 극. 임금 자리 극.

句解(구해)

省躬(성궁): 몸소 살핀다. 친히 살핀다.
譏誡(기계): 남을 譏弄(기롱: 결점을 들어 수군거리고 놀림)하는 말을 들으면 경계한다.
寵增(총증): 사랑이 더하다. 총애가 증가한다. 은총이 점점 더해지다.
抗極(항극): 항은 항거한다, 잘난 체한다. 극은 맨 위를 나타낸다. 항극은 극에 도달함을 우려해야 한다는 의미이다.

解說(해설)

　　항상 자기 몸을 살피고 남의 비방을 경계하며 임금의 총애가 날로 더할수록 주변에서는 抗拒心(항거심)이 극에 달할 것이다. 본디 총애를 받으면 그만큼 주변에 시기하는 사람도 늘게 마련이니 처신을 잘해야 한다. 그리고 영광이 높아지면 마땅히 극에 이를 것이므로 높은 자리에 있음을 어렵게 여기고 물러남을 가볍게 여겨야 한다는 말이다. 사람의 일이란 극에 달하면 내려가는 일만 남게 마련이다.

90. 태욕근치 림고행즉(殆辱近恥 林皐幸卽)

殆	辱	近	恥	林	皐	幸	卽
위태할 태	욕될 욕	가까울 근	욕될 치	수풀 림	언덕 고	다행 행	곧 즉
たい	じょく	きん	ち	りん	こう	こう	そく

☞태욕근치하면 임고에 행즉하라

☞위태롭고 욕된 일이 있으면 수치가 가까우니 기회를 보아 물러나서 숲 속 물가로 나아가 閑居(한거)하는 것이 바람직하다.

字義(자의)

殆 위태할 태. 자못 태. 비롯할 태. 장차 태.
辱 욕될 욕. 굽힐 욕. 더럽힐 욕. 고마워할 욕. 욕할 욕.
近 가까울 근. 알기 쉬울 근. 거의 근.
恥 부끄러울 치. 부끄럼 치. 욕될 치.
林 수풀 림. 더북더북 날 림. 많을 림.
皐 언덕 고. 오월 고. 느릴 고. 고할 고. 부를 호.
幸 다행 행. 바랄 행. 고일 행. 요행 행. 거동 행.
卽 곧 즉. 이제 즉. 나아갈 즉. 다만 즉. 만일 즉.

句解(구해)

殆辱(태욕): 위태롭고 욕됨.
近恥(근치): 치욕에 가깝다.
林皐(임고): 작은 못이 있는 나무숲. 숲이 있는 시냇가 언덕.
幸卽(행즉): 즉시 가는 것이 多幸(다행)이다.

解說(해설)

　몸이 귀한 지위에 오르게 되면 윗사람에게는 혐의를 받는 경우가 많고 아랫사람에게는 미움을 받는 경우가 많기 때문에 조그마한 실수에도 곧 치욕을 받게 된다. 시기를 보아 자리를 내놓고 물가를 가서 한가한 몸이 되도록 하라는 말이다.

자연과 철학

91. 양소견기 해조수핍(兩疏見機 解組誰逼)

兩	疏	見	機	解	組	誰	逼
두 량	성길 소	볼 견	기미 기	풀 해	끈 조	누구 수	핍박할 핍
りょう	そ	けん	き	かい	そ	すい	ひつ

☞양소는 견기하니 해조를 수핍이리오
☞疏廣(소광), 疏受(소수)는 기미를 알아차리고 인끈을 풀었으니 누가 다그치리오.

字義(자의)

兩　두 량. 쌍 량. 근량 량. 끝 량. 양 량. 짝 량.
疏　성길 소. 뚫릴 소. 나눌 소. 드물 소. 상소할 소. 멀 소. 거칠 소. 채소 소.
見　볼 견. 만나 볼 견. 나타날 현. 드러날 현. 보일 현.
機　기틀 기. 기미 기. 고동 기. 기계 기. 베틀 기. 권세 기. 기회 기. 별 이름 기.
解　풀 해. 쪼갤 해. 빠갤 해. 풀릴 해. 깨쳐 줄 해. 흩어질 해. 벗을 개. 헤칠 개.
組　끈 조. 땋은 실 조. 짤 조. 만들 조.
誰　누구 수. 무엇 수. 발어사 수.
逼　핍박할 핍. 가까울 핍. 궁핍할 핍. 쪼그라들 핍.

句解(구해)

兩疏(양소): 한대(漢代)의 疏廣(소광)과 疏受(소수) 두 대신.
見機(견기): 幾微(기미)를 보다. 기회를 보다.
解組(해조): 인끈을 풀어 관청에 반납한다. 인끈은 벼슬에 임명될 때 벼슬의 이름을 새긴 도장을 주었는데 그 도장끈을 말한다. 도장을 끌러 반납한다는 것은 벼슬을 그만둔다는 뜻이다.
誰逼(수핍): 누가 막을 것이랴.

解說(해설)

　漢代(한대)의 宣帝(선제) 때 太子(태자)의 스승 太傅(태부)였던 疏廣(소광)과, 그 조카로 태자의 少傅(소부)였던 疏受(소수)는 일의 기미를 알아보는 데 밝고 성품이 어질었다. 두 소씨는 기회를 보아 印綬(인수)를 풀어 놓고 가 버렸으니 아무도 그들을 逼迫(핍박)하지 않았다. 두 소씨가 2000석의 俸祿(봉록)을 마다하고 解組(해조)하는 데야 누가 감히 機微(기미)를 미리 알아보는 이들 賢者(현자)의 처사에 대해 曰可曰否(왈가왈부)하겠는가? 벼슬을 하다가도 이제 그만둘 때가 되었다고 생각되면 과감히 인끈을 풀고 시골로 내려가라는 말이다.

92. 삭거한처 침묵적료(索居閒處 沈黙寂寥)

索	居	閒	處	沈	黙	寂	寥
삭막할 삭	살 거	한가할 한	곳 처	잠길 침	잠잠할 묵	고요할 적	쓸쓸할 료
さく さっ	きょ	かん	しょ	ちん	もく	せき	りょう

☞삭거한처하니 침묵적요하니라
☞홀로 떨어져 살며 한갓지게 지내니, 말없이 잠잠하고 고요하구나.

字義(자의)

索 한가로울 삭. 노 삭. 새끼 삭. 꼴 삭. 다할 삭. 흩어질 삭. 찾을 색. 더듬을 색.
居 살 거. 곳 거. 앉을 거. 어조사 거.
閒 한가할 한. 겨를 한. 사이 한. 사이할 간. 가까울 간. 閑(한)과 같음.
處 곳 처. 살 처. 머무를 처. 처치할 처. 처녀 처.
沈 잠길 침. 고요할 침. 장맛물 침. 빠질 침. 즙낼 심. 성 심.
黙 잠잠할 묵. 조용할 묵. 침잠할 묵.
寂 고요할 적. 적막할 적. 쓸쓸할 적.
寥 쓸쓸할 료. 고요할 료. 잠잠할 료. 휑할 료.

句解(구해)

索居(삭거): 한가롭게 살다. '색거'로 읽는다면 살 곳을 찾는다는 의미로 볼 수 있다.
閒處(한처): 한가로운 곳.
沈黙(침묵): 말이 없음.
寂寥(적료): 고요하고 쓸쓸함.

解說(해설)

　한적한 곳을 찾아 사니, 입을 열 필요도 없이 **靜寂**(정적)하고 고요하기만 하다는 말이니, 벼슬을 그만두고 **草野**(초야)에서 한적하게 사는 즐거움을 나타낸 것이다.
침묵하는 가운데 적료한 곳에 처하면 명상이 잘되고 정신이 맑아진다.

93. 구고심론 산려소요(求古尋論 散慮逍遙)

求	古	尋	論	散	慮	逍	遙
구할 구	옛 고	찾을 심	의론할 론	흩어질 산	생각 려	노닐 소	노닐 요
きゅう	こ	じん	ろん りん	さん	りょ	しょう	よう

☞구고심론하고 산려소요하니라

☞옛것에서 도를 구하여 깊이 강론하고, 걱정을 흩어버리고 한가로이 노닌다.

字義(자의)

求 구할 구. 찾을 구. 구걸할 구. 짝 구. 바랄 구. 빌 구. 책할 구.
古 옛날 고. 선조 고. 비롯할 고.
尋 찾을 심. 물을 심. 인할 심. 아까 심. 여덟 자 심. 항상 심.
論 의론할 론. 말할 론. 생각 론. 글 뜻 풀 론. 차례 륜.
散 흩어질 산. 펼 산. 헤어질 산. 쓸모가 없을 산. 가루약 산. 한가할 산. 내칠 산.
慮 생각 려. 염려할 려. 걱정할 려. 의심할 려. 꾀할 려.
逍 노닐 소. 거닐 소.
遙 노닐 요. 멀 요. 아득할 요. 거닐 요.

句解(구해)

求古(구고): 옛것을 구한다.
尋論(심론): 古人(고인)이 史籍(사적)을 論(논)한 글을 尋究(심구)하다.
散慮(산려): 골똘히 생각하는 것을 흩어 버리다. 사려를 흩어 버리다.
逍遙(소요): 노닐다. 한가하게 노닐다.

解說(해설)

　옛 사람이 남긴 말과 책에서 도를 구하여 깊이 강론하고 속된 생각을 흩어 버리고, 거닐며 自適(자적)한다. 세상사를 떠난 사람은 속된 욕심이 있을 수 없으며, 오직 침묵하는 가운데 古人(고인)의 뜻을 책 속에서 구한다.

94. 흔주루견 척사환초(欣奏累遣 感謝歡招)

欣	奏	累	遣	感	謝	歡	招
기쁠 흔	아뢸 주	얽힐 루	보낼 견	슬플 척	물러갈 사	기쁠 환	부를 초
きん ごん	そう	るい	けん	せき	しゃ	かん	しょう

☞흔주누견하고 척사환초하니라

☞기쁜 일은 아뢰고 근심은 흩어 버리며, 슬픔이 사라지고 즐거움이 손짓하여 부른다.

字義(자의)

欣 기쁠 흔. 좋아할 흔. 짐승이 힘셀 흔. 초목이 생생할 흔.
奏 아뢸 주. 천거할 주. 풍류 주. 상소할 주. 편지 주.
累 여럿 루. 더럽힐 루. 맬 루. 동일 루. 여러 것을 포갤 루. 더할 루. 얽힐 루.
遣 보낼 견. 쫓을 견. 累遣(누견)은 시끄러운 일을 없애 버린다는 뜻임.
感 슬플 척. 근심할 척.
謝 물러갈 사. 말씀 사. 사례할 사. 끊을 사. 고할 사. 사양할 사.
歡 기쁠 환. 기꺼울 환. 좋아할 환. 친할 환. 술 이름 환.
招 부를 초. 불러올 초. 손짓할 초. 묶을 초. 들 교.

句解(구해)

欣奏(흔주): 기쁨이 모여든다.
累遣(누견): 귀찮은 일을 보내 버린다.
感謝(척사): 근심이 사라진다.
歡招(환초): 기쁨을 불러온다.

解說(해설)

煩累(번루)한 일을 잊어버리고 悠悠自適(유유자적)하니 기쁨은 모여든다. 자기 생활에 만족하고 잡된 생각을 버리면 이렇게 달관한 경지에 도달하게 되는 것이다.
이 구절은 은둔한 선비가 자족하는 삶을 나타내는 듯하다. 隱士(은사)는 세상사에 구애되지 않는 사람이다.

95. 거하적력 원망추조(渠荷的歷 園莽抽條)

渠	荷	的	歷	園	莽	抽	條
도랑 거	연꽃 하	또렷할 적	역력할 력	동산 원	풀 망	뽑을 추	가지 조
きょ	か	てき	れき	えん	もう ぼう	ちゅう	じょう

☞거하는 적력하고 원망은 추조하며
☞도랑에 핀 연꽃은 또렷또렷하고, 동산에 잡초는 쭉쭉 뻗어 우거졌으며,

字義(자의)

渠 도랑 거. 개천 거. 클 거. 껄껄 웃을 거. 저 거. 무엇 거.
荷 연꽃 하. 질 하. 멜 하. 더할 하.
的 과녁 적. 밝을 적. 꼭 그러할 적. 적실할 적. 표할 적. 표준 적. 목표 적. 의 적. 것 적. 고울 적.
歷 지날 력. 겪을 력. 다닐 력. 역력할 력. 的歷(적력)은 또렷또렷하게 분명하다는 말임.
園 동산 원. 능 원. 울타리 원.
莽 풀 망. 숲 망. 멀 망. 아득할 망. 넓을 망. 추솔할 망. 추솔할 무.
抽 뽑을 추. 뺄 추. 거둘 추. 당길 추.
條 가지 조. 조리 조. 가닥 조. 조목 조. 노끈 조.

句解(구해)

渠荷(거하): 도랑에 핀 연꽃. 개천에 핀 연꽃.
的歷(적력): 鮮明(선명)하다. 또렷하다.
園莽(원망): 동산 안에 무성한 잡초.
抽條(추조): 풀줄기가 쭉쭉 뻗음.

解說(해설)

　앞 절의 '삭거한처'를 받아 깊고 그윽한 뜰 가운데 개울과 잡초를 읊었다. 연잎은 선명하고, 연꽃은 만개하였을 것이며 초목이 무성하게 자라 싱그러운 동산의 모습이다. 이러한 동산에 묻혀 지낸다면 속세의 번다함을 잊을 수 있을 것이다. 구실살이하지 않는 隱士(은사)가 사는 곳의 閑雅(한아)한 풍경을 떠올려도 무방할 것이다.
여기부터 '낙엽표요'까지는 벼슬자리에서 물러나 자연과 벗하니 그동안 욕망에 가려 보이지 않던 하찮은 것들의 아름다움이 새롭게 인식되고 있다는 말이다.

96. 비파만취 오동조조(枇杷晩翠 梧桐早凋)

枇	杷	晩	翠	梧	桐	早	凋
비파 비	비파 파	늦을 만	푸를 취	오동 오	오동 동	이를 조	시들 조
び	わ/は	ばん	すい	ご	とう	そう	ちょう

☞비파는 만취하고 오동은 조조니라

☞비파나무 잎사귀는 늦도록 푸르고, 오동나무 잎사귀는 일찍 시든다.

字義(자의)

枇 비파나무 비. 주걱 비. 참빗 비.

杷 비파나무 파. 써레 파. 발고무래 파. 칼자루 파. 악기 이름 파.

晩 늦을 만. 저물 만. 뒤질 만. 저녁 만. 끝날 만.

翠 푸를 취. 비취 취. 비취석 취. 물총새 취.

梧 오동나무 오. 머귀나무 오. 허울 찰 오.

桐 오동나무 동. 머귀나무 동. 거문고 동.

早 이를 조. 일찍 조. 새벽 조. 먼저 조.

凋 시들 조. 느른할 조.

句解(구해)

枇杷(비파): 비파나무

晩翠(만취): 늦도록 푸르다.

梧桐(오동): 오동나무.

早凋(조조): 일찍 낙엽 진다.

解說(해설)

　　비파나무는 겨울이 되어도 잎사귀가 마르지 않는 常綠樹(상록수)이므로 변하지 않는 절개를 상징한다. 오동나무는 일찍 시들지만 오동나무 잎이 시드는 것을 보고 현자들은 세월의 추이를 잘 알게 되었다.

이 절은 隱者(은자)가 閑居(한거)하여 즐기는 자연의 풍경을 묘사했다. 비파나무는 높은 절개를, 오동나무는 세월의 추이와 기미를 알아보는 隱士(은사)의 통찰력을 나타내는 것이다.

枇杷晩翠　梧桐早凋

97. 진근위예 낙엽표요(陳根委翳 落葉飄颻)

陳	根	委	翳	落	葉	飄	颻
묵을 진	뿌리 근	쇠할 위	말라죽을 예	떨어질 락	잎 엽	나부낄 표	나부낄 요
ちん	こん	い	えい	らく	よう	ひょう	よう

☞진근은 위예하고 낙엽은 표요니라
☞묵은 뿌리는 말라 시들고, 낙엽은 바람에 흩날린다.

字義(자의)

陳 묵을 진. 오랠 진. 벌릴 진. 베풀 진. 섬돌 진. 나라 이름 진. 성 진. 진 진.
根 뿌리 근. 밑 근. 밑동 근. 그루 근. 별 이름 근. 근본 근.
委 맡길 위. 버릴 위. 시들어질 위. 쌓을 위. 자세할 위. 쇠할 위.
翳 가릴 예. 깃일산 예. 그늘 예. 흐릴 예. 말라죽을 예
落 떨어질 락. 기걸할 락. 논마지기 락. 헤어질 락. 이룰 락. 마을 락.
葉 잎 엽. 세대 엽. 성 엽. 고을 이름 섭.
飄 나부낄 표. 떨어질 표. 회오리바람 표. 질풍 표. 방랑할 표.
颻 나부낄 요. 날릴 요. 흔들릴 요.

句解(구해)

陳根(진근): 낡고 오래된 나무뿌리.
委翳(위예): 저절로 문드러지도록 버려졌다.
落葉(낙엽): 나뭇잎이 말라서 떨어지다.

解說(해설)

　오래된 나무뿌리는 드러난 채이고, 나뭇잎은 가지에서 떨어져 바람에 나부낀다. 늦가을 園林(원림)의 寂廖(적료)한 풍경이다. 여름에 무성했던 수목도 늦가을 서리를 맞으면 잎이 떨어져 앙상하게 된다. 묵은 나무뿌리와 마른 나무들은 쓰러진 채 버려져 있고 나무마다 떨어지는 잎들은 바람에 날리니 晩秋(만추)의 풍경이 눈에 선하다.
'거하적력'에서 시작되는 자연풍경의 묘사는, 처음에는 연꽃의 선명함을, 다음에는 "만취"와 "조조"의 對照(대조)를, 그리고 이 절에서는 "진근"과 "낙엽"의 황량함을 對句(대구)로 그려 나갔다.

생활과 기상

98. 유곤독운 능마강소(遊鵾獨運 凌摩絳霄)

遊	鵾	獨	運	凌	摩	絳	霄
놀 유	곤새 곤	홀로 독	움직일 운	능가할 릉	문지를 마	붉을 강	하늘 소
ゆう	こん	どく	うん	りょう	ま	こう	しょう

☞유곤은 독운하여 능마강소하니라
☞동천의 붉은 노을에 鵾(곤)새만이 홀로 運回(운회)하면서 붉은 하늘을 업신여기듯 누비고 있다.

字義(자의)

遊 놀 유. 벗 사귈 유. 여행 유. 유세할 유.
鵾 곤새 곤. 큰 고기 곤. 고니 곤. 곤어 鯤(곤). 鯤이 변하여 鵾이 된다 함.
獨 홀로 독. 외로울 독. 독짐승 독.
運 움직일 운. 운전할 운. 옮길 운. 돌 운. 운수 운. 땅 길이 운.
凌 뛰어넘을 릉. 업신여길 릉. 떨 릉. 지날 릉. 빙고 릉. 얼음 릉.
摩 문지를 마. 갈 마. 닦을 마. 멸할 마. 만질 마. 헤아릴 마. 가까이할 마.
絳 붉을 강. 깊게 붉을 강. 진홍 강.
霄 하늘 소. 진눈깨비 소. 구름기 소.

句解(구해)

遊鵾獨運(유곤독운): 높이 나는 곤새는 홀로 공중을 돈다. 곤어는 홀로 제 뜻대로 노닌다. 鵾(곤)은 鯤(곤)이다. 이 鯤(곤)은 鵬(붕)이다. 붕은 봉새 또는 대붕이라고 한다.
凌摩(능마): 업신여기다. 凌駕摩天(능가마천)을 略(약)한 말로 하늘 테두리를 넘어서서 미끄럼을 타듯 날아가는 봉새의 모습을 나타낸다.
絳霄(강소): 진홍빛 하늘. 동터 오르는 동녘 하늘. 가장 높은 하늘.

解說(해설)

　鯤魚(곤어)는 홀로 제 뜻대로 노닐다가, 봉새가 되어 아침이 밝아 오면서 동쪽 하늘에 해가 솟아오르려고 할 때 하늘 테두리를 넘어 미끄러지듯 날아가는 광경이다. 따라서 鵾(곤: 鵬붕)새가 마음대로 날개를 펴고 하늘을 높이 날아 기상을 펼치는 광경이라고 볼 수 있다. 이 절에서는 대붕이 '푸른 하늘을 등지고', 구만리 상공을 누비는 모습을 상상할 수 있다.

99. 탐독완시 우목낭상(耽讀翫市 寓目囊箱)

耽	讀	翫	市	寓	目	囊	箱
즐길 탐	읽을 독	구경할 완	저자 시	붙일 우	눈 목	주머니 낭	상자 상
たん	どく とく	がん	し	ぐう	もく	のう	そう しょう

☞탐독완시하니 우목낭상하니라
☞저잣거리 책방에서 글 읽기에 골똘하니, 그대로 주머니와 상자 속에 조목조목 갈무리하는 것 같다.

字義(자의)

耽 즐길 탐. 그릇될 탐. 깊고 멀 탐. 웅크리고 볼 탐. 빠질 탐.
讀 읽을 독. 풍류 이름 독. 구절 두. 토 두. 이두 두. 구두 두.
翫 갖고 놀 완. 구경할 완. 싫을 완. 탐할 완. 익숙할 완. 아낄 완.
市 저자 시. 장 시. 흥정할 시. 집이 많은 동리 시. 장사 시.
寓 붙일 우. 살 우. 부탁할 우. 빙자할 우. 맡길 우.
目 눈 목. 조목 목. 당장 목. 두목 목. 명색 목. 우두머리 목.
囊 주머니 낭. 자루 낭. 쌀 낭. 지갑 낭.
箱 상자 상. 곳집 상. 곁채 상.

句解(구해)

耽讀(탐독): 책을 지나치게 즐겨 읽는다.
翫市(완시): 저자거리 책방에서 책을 翫賞(완상)하다.
寓目囊箱(우목낭상): 책 조목을 주머니와 상자에 넣어 두다.

解說(해설)

   저자거리의 書肆(서사)에 가서 탐독하면 글을 잊지 않아서, 마치 글 조목조목을 주머니나 상자 속에 넣어 두는 듯하다. 이 말은 ≪蒙求(몽구)≫ 王充閱市(왕충열시)에 "후한의 왕충은 字(자)가 仲任(중임)이며 회계 上虞(상우) 사람으로 글 읽기를 좋아하였으나 책을 살 돈이 없어 洛陽(낙양) 저자 안에 있는 책방에 가서 진열된 책을 읽었는데, 한 번 보면 능히 이를 외우고 기억하였다. 마침내 여러 갈래인 百家(백가)의 말에 통달하였고 군의 功曹(공조)가 되어 벼슬살이를 하였다."는 이야기에도 나타난다. 집안이 가난하여 책방에서 책을 탐독한 왕충은 후에 ≪論衡(논형)≫ 85편을 저술하여 지금도 전해지고 있다. 사람은 글 읽기를 좋아해야 한다는 점을 강조한 것이다.

100. 이유유외 속이원장(易輶攸畏 屬耳垣墙)

易	輶	攸	畏	屬	耳	垣	墙
쉬울 이	가벼울 유	바 유	두려울 외	붙일 속	귀 이	담 원	담 장
い えき	ゆう	ゆう	い	しょく ぞく	じ	えん	しょう

☞이유는 유외이니 속이원장하니라
☞쉽고 가벼운 것을 두려워해야 하니, 귀를 담장에 붙여 놓았기 때문이다.

字義(자의)

易 쉬울 이. 다스릴 이. 쉽게 여길 이. 편할 이. 변할 역. 바꿀 역. 역서 역. 점 역. 주역 역.
輶 가벼울 유. 가벼운 수레 유.
攸 바 유. 곳 유. 어조사 유. 아득할 유.
畏 두려울 외. 겁낼 외. 놀랄 외. 꺼릴 외.
屬 붙일 속. 좇을 속. 살붙이 속. 무리 속. 부탁할 촉. 이을 촉. 붙일 촉. 돌볼 촉.
耳 귀 이. 말 그칠 이. 뿐 이. 여덟 대 손자 이.
垣 담 원. 보호하는 사람 원. 별 이름 원.
墙 담 장. 옥 장. 경계 장. 사모할 장. 牆(장)과 같음.

句解(구해)

易輶(이유): 가볍고 가볍다.
攸畏(유외): 두려워할 바.
屬耳(속이): 귀를 (담에) 붙이다.
垣墙(원장): 담장.

解說(해설)

　　말을 쉽고 가볍게 하는 것은 군자가 두려워하는 바이니 말을 할 때는 마치 남이 담에 귀를 기울인 채 듣고 있는 것으로 알고 조심해야 한다. 군자가 아니라도, 남의 귀는 언제나 담벼락에 붙어 있는 것으로 알고 사소한 가볍게 말하지 말아야 한다. 경솔하게 남의 신상을 헐뜯거나 비방하지 말아야 하는 것이다. 그러한 말은 더 쉽게 퍼진다.

가정의 평화

101. 구선손반 적구충장(具膳飡飯 適口充腸)

具	膳	飡	飯	適	口	充	腸
갖출 구	찬 선	밥말 손	밥 반	맞을 적	입 구	채울 충	창자 장
ぐ	ぜん	さん そん	ばん	てき	こう	じゅう	ちょう

☞구선손반하고 적구충장하니
☞반찬 갖춘 밥을 물 말아 먹고, 입에 맞게 창자를 채우는 것이니,

字義(자의)

具　갖출 구. 함께 구. 다 구. 만족할 구. 설비할 구. 그릇 구. 기구 구.
膳　찬 선. 먹을 선.
飡　밥 말 손. 밥 손. 물 만 밥 손. 지을 손.
飯　밥 반. 먹을 반. 칠 반.
適　맞을 적. 마침 적. 맞갖출 적. 편안할 적. 갈 적. 시집갈 적. 좇을 적.
口　입 구. 인구 구. 어귀 구. 말할 구. 구멍 구. 실마리 구. 자루 구.
充　채울 충. 가득 찰 충. 막을 충. 아름다울 충. 덮을 충.
腸　창자 장. 마음 장.

句解(구해)

具膳(구선): 아름다운 음식을 갖추다.
飡飯(손반): 음식을 먹다. 밥을 먹다. 소박한 밥상.
適口(적구): 입에 맞다. 식성에 맞다.
充腸(충장): 배 속을 채우다. 창자를 채우다.

解說(해설)

　　≪論語(논어)≫ 學而(학이)편에 보면 "군자는 먹는 데 배부른 것을 구하지 않고 거처하는 데 편안한 것을 구하지 않는다(君子食無求飽 居無求安 군자식무구포 거무구안)."고 하였다. 군자는 음식에 있어서 淡白(담백)에 만족하는 것이므로, 美食(미식)이나 飽食(포식)을 삼가야 한다. 食貪(식탐)하면 남에게 손가락질 받는다.
　　본 절에서부터 다음의 '老小異糧(노소이량)'까지는 음식에 관한 것이다.

102. 포어팽재 기염조강(飽飫烹宰 飢厭糟糠)

飽	飫	烹	宰	飢	厭	糟	糠
배부를 포	물릴 어	삶을 팽	삶을 재	주릴 기	달가울 염	술찌끼 조	겨 강
ほう	よ	ほう	さい	き	えん	そう	こう

☞포어하면 팽재하고 기하면 염조강하니라
☞배부르면 고기도 물리고, 배가 고프면 술지게미나 쌀겨도 달갑게 여긴다.

字義(자의)

飽　배부를 포. 먹기 싫을 포. 물릴 포. 흡족할 포.
飫　배부를 어. 먹기 싫을 어. 물리도록 많이 먹을 어. 잔치 어.
烹　삶을 팽. 요리 팽.
宰　고기 저밀 재. 재상 재. 주관할 재. 다스릴 재. 으뜸 재. 잡을 재. 삶을 재.
飢　주릴 기. 굶을 기. 흉년 들 기.
厭　싫을 염. 편할 염. 만족할 염. 게으를 염. 막힐 암. 업신여길 염. 따를 염.
糟　술지게미 조. 재강 조.
糠　겨 강. 번쇄할 강.

句解(구해)

飽飫(포어): 배불리 먹다. '厭飫(염어)'와 같다.
烹宰(팽재): '짐승을 잡아 지지고 볶는다'는 뜻으로 '고기음식'을 가리킴. 물에 삶은 음식과 칼로 저민 고기.
糟糠(조강): 술을 거르고 남은 찌꺼기인 지게미와 곡식의 겉껍질인 겨. 재강과 쌀겨.
飢厭糟糠(기염조강): 배가 몹시 고프면 쌀 지게미와 겨에도 만족한다.

解說(해설)

　배불리 먹으면 맛있는 요리도 마다하게 되고, 가난하여 배가 고프면 술지게미나 쌀겨에도 만족한다. 食床(식상)이 사방 一丈(일장)이 되고 온갖 **山海珍味**(산해진미)와 **珍羞盛饌**(진수성찬)을 차려 놓았다 할지라도 배가 부르면 사치스러운 음식도 싫증이 나는 법이고, 굶주렸을 때는 술지게미와 겨 같은 거친 음식으로도 만족하게 생각한다는 뜻이다.

103. 친척고구 노소이량(親戚故舊 老少異糧)

親	戚	故	舊	老	少	異	糧
친할 친	겨레 척	옛벗 고	옛 구	늙을 로	젊을 소	다를 이	양식 량
しん	せき	こ	きゅう	ろう	しょう	い	りょう ろう

☞친척과 고구에 노소는 이량이니라

☞친척이나 친구들을 대접할 때는 늙고 젊음에 따라 음식을 달리해야 한다.

字義(자의)

親 친할 친. 사랑할 친. 몸소 친. 겨레 친. 일가 친. 육친 친. 친정 친.
戚 겨레 척. 보낼 척. 슬플 척. 근심할 척. 도끼 척.
故 연고 고. 옛 벗 고. 죽을 고. 변사 고. 까닭 고. 그러므로 고. 짐짓 고. 과실 고. 초상날 고.
舊 옛 구. 늙은이 구. 친구 구. 故舊(고구)는 친구를 뜻함.
老 늙을 로. 늙은이 로. 어른 로. 익숙할 로.
少 젊을 소. 조금 소. 적을 소. 작게 여길 소. 버금 소.
異 다를 이. 괴이할 이. 나눌 이.
糧 양식 량. 먹이 량. 구실 량.

句解(구해)

親戚(친척): 아버지의 집안이 親(친)이고 어머니의 집안이 戚(척)인데, 친은 族內(족내)이고 척은 族外(족외)이다.
故舊(고구): 오래된 친구. 예로부터 사귄 사람.
老少(노소): 노인과 젊은이.
異糧(이량): 음식을 달리한다.

解說(해설)

　늙은이는 비단옷이 아니면 따뜻하지 않고 고기가 아니면 배부르지 않다. ≪禮記(예기)≫에 이른바 '15세 이상은 늙은이와 젊은이가 음식을 달리한다.'는 것이 바로 이 말이다. 친척과 오랜 친구 간에도 예절을 지키고 또 노인과 젊은이 간에도 스스로 그 음식이 달라야 한다. 나이가 많으신 어르신에게는 연하고 영양이 풍부한 음식을 바치고 젊은 사람을 대접할 때는 음식을 절제하는 일을 알도록 해야 한다. 또 오랜 친구라고 해서 접대 예절이 없으면 안 된다.

104. 첩어적방 시건유방(妾御績紡 侍巾帷房)

妾	御	績	紡	侍	巾	帷	房
첩 첩	주장할 어	길쌈 적	길쌈 방	모실 시	수건 건	장막 유	방 방
しょう	ぎょ/ご	せき	ぼう	じ	きん	い	ぼう

☞첩어는 적방하고 시건유방하니라
☞아내와 첩은 길쌈하고 휘장 두른 안방에서는 수건과 빗을 들고 시중든다.

字義(자의)

妾 첩 첩. 작은집 첩. 처녀계집 첩. 나 첩. 시비 첩. 계집아이 첩.
御 모실 어. 거느릴 어. 주장할 어. 마부 어. 아내를 사랑할 어. 임금에 대한 경칭 어.
績 길쌈 적. 공 적. 이룰 적. 이을 적. 일 적.
紡 길쌈 방.
侍 모실 시. 모시는 사람 시. 가까울 시. 좇을 시. 기를 시. 권할 시.
巾 수건 건. 머리건 건. 건 건. 덮을 건. 헝겊 건.
帷 장막 유. 휘장 유.
房 방 방. 별 이름 방. 궁 이름 방. 제기 방. 곁방 방. 송이 방.

句解(구해)

妾御(첩어): 첩은 妻妾(처첩). 처첩은 처와 첩. 어는 처나 侍女(시녀).
績紡(적방): 길쌈을 하다. 옷감을 짜다.
侍巾(시건): 수건을 들고 시중을 든다. 侍執巾櫛(시집건즐: 수건과 빗을 들고 시중든다)을 줄인 말이다.
帷房(유방): 방에 휘장을 치다. 휘장을 두른 방.

解說(해설)

　妾(첩)은 반드시 첩실만을 가리키는 것은 아니며 正妻(정처)도 포함되어 있을 것이다. 여자들은 길쌈을 하고 장막 친 방 안에서 수건 등을 시중들어 모시라는 말이니 이 글은 婦德(부덕)을 논한 것이다. 여자가 집안 살림을 잘하고 지아비를 위해 봉사하라는 말이다.

幸	御	積	紡	侍	巾	帷	房
しゅう	ぎょ	せき	ぼう	じ	きん	い	ぼう

105. 환선원결 은촉휘황(紈扇圓潔 銀燭輝惶)

紈	扇	圓	潔	銀	燭	輝	惶
흰 깁 환	부채 선	둥글 원	깨끗할 결	은 은	촛불 촉	빛날 휘	빛날 황
がん	せん	えん	けつ	ぎん きん	しょく	い/き	こう

☞환선은 원결하며 은촉은 휘황하고
☞흰 깁으로 만든 부채는 둥글고 깨끗하며, 은빛 촛불이 밝게 빛나고,

字義(자의)

紈 흰 깁 환.
扇 부채 선. 부칠 선. 부채질할 선.
圓 둥글 원. 원만할 원. 둘레 원. 온전할 원. 원 원.
潔 깨끗할 결. 맑을 결. 정결할 결. 조촐할 결.
銀 은 은. 돈 은. 은빛 은. 지경 은.
燭 촛불 촉. 초 초. 비칠 촉. 밝을 촉. 약 이름 촉. 풀이름 촉.
輝 빛날 휘. 빨갈 휘. (煒 빛날 위. 환할 위. 불그레할 위)
惶 빛날 황. 환히 밝을 황. 성할 황. 煒煌(위황)은 요란스레 번쩍이며 환하게 빛난다는 뜻임.

句解(구해)

紈扇(환선): 흰 비단으로 만든 부채.
圓潔(원결): 둥글고 깨끗하다.
銀燭(은촉): 밝게 빛나는 촛불.
輝惶(휘황): 밝게 빛나는 모양. 輝煌燦爛(휘황찬란). '煒煌(위황)'으로 쓰기도 한다. 煒煌(위황): 환하게 빛나는 모양. 光明(광명).

解說(해설)

　옛날에는 나무 섶을 묶어 촛불을 만들었는데 후세에는 밀로 만든 촛불을 사용하니 그 밝음이 은빛과 같으므로 '은촉'이라 한 것이다. 선비의 방 안에 있는 장식품으로서 품위에 넘치는 부채와 휘황한 은촉이 있음을 보여 주는 글이다. 漢成帝(한성제) 때의 여류시인인 班婕妤(반첩여)의 [怨行歌(원행가)]라는 詩賦(시부)에 이 구절과 비슷한 내용이 나온다.

106. 주면석매 남순상상(晝眠夕寐 藍筍象床)

晝	眠	夕	寐	藍	筍	象	床
낮 주	졸 면	저녁 석	잘 매	쪽 람	죽순 순	코끼리 상	평상 상
ちゅう	みん	せき	び	らん	じゅん	ぞう / しょう	しょう

☞주면석매할세 남순상상이라
☞낮잠을 자고 밤잠을 잘 때 푸른 대로 엮은 아름다운 대자리와 상아로 장식한 침상에서 잔다.

字義(자의)

晝 낮 주. 대낮 주. 한낮 주. 땅이름 주.
眠 졸 면. 졸음 면. 잘 면. 지각없을 면. 어지러울 면. 쉴 면. 시들 면.
夕 저녁 석. 저물 석. 서녘 석. 한 움큼 사. 밤 석.
寐 잘 매. 쉴 매.
藍 쪽 람. 남빛 람. 옷 해질 람. 걸레 람. 절 람. 성 람.
筍 죽순 순. 대싹 순.
象 코끼리 상. 상아 상. 본뜬 상. 조짐 상. 형상할 상. 상춤 상. 망상이 상.
床 평상 상. 우물난간 상. 마루 상. 걸상 상.

句解(구해)

晝眠(주면): 낮잠을 자다.
夕寐(석매): 저녁에 자다.
藍筍象牀(남순상상): '藍筍(남순)'은 쪽빛처럼 푸른 대쪽을 엮어 만든 침상을 말하고, '象牀(상상)'은 상아로 꾸민 긴 걸상인데, '牀(상)'은 위는 책상과 같고 아래는 다리가 있어 앉거나 누울 수 있게 만든 것임.

解說(해설)

낮에는 졸고 저녁에 자니, 푸른 대나무 자리와 상아로 장식한 침상에서 잠을 잔다. 아무런 걱정이 없이 즐겁고 안락한 생활이 떠오른다. 그러나 공자의 제자 재여가 낮잠을 잘 자서 공자는 썩은 나무와 거름흙으로 비유하였으니 군자는 오직 일찍 일어나고 빈둥거리며 낮잠을 자지 말아야 한다. 낮잠은 필요할 때에만 자야 한다. 요즘 새벽에 일찍 일어나는 사람이 잘산다는 말까지 유행한다.
한가한 太平聖代(태평성대)를 노래한 글이다.

107. 현가주연 접배거상(絃歌酒讌 接杯擧觴)

絃	歌	酒	讌	接	杯	擧	觴
줄 현	노래 가	술 주	잔치 연	접할 접	잔 배	들 거	잔 상
げん	か	しゅ	えん	せつ	はい	きょ	しょう

☞현가주연할제 접배거상하고
☞비파를 타며 노래 부르고 술을 마시는 잔치에서 술잔을 얌전하게 쥐고 두 손으로 들어 올려 권하고,

字義(자의)

絃 줄 현. 줄풍류 현.
歌 노래 가. 읊조릴 가. 장단 맞출 가.
酒 술 주. 냉수 주. 잔치 주. 벼슬 이름 주.
讌 잔치 연. 모여 말할 연.
接 접할 접. 사귈 접. 합할 접. 모을 접. 이을 접. 연할 접. 형틀 접.
杯 잔 배. 국바리 배. 盃(배)와 같음. 대접 배.
擧 들 거. 받들 거. 온통 거. 모두 거. 일으킬 거. 날 거. 일컬을 거. 키울 거.
觴 잔 상. 잔질할 상. 술 마실 상.

句解(구해)

絃歌(현가): 악기를 타고 노래를 부른다.
酒讌(주연): 술을 마시며 잔치를 한다.
接杯擧觴(접배거상): '接杯(접배)'는 '두 손으로 얌전하게 잔을 들어 술을 권한다'는 뜻이 있고, '擧觴(거상)'은 '술잔을 손으로 눈높이까지 들어 올려 떠받든다'는 말이니 곧 술을 권하는 것을 말함. '觴(상)'은 뿔로 만들어졌는데, '鄕飮酒(향음주)의 禮(예)'에 쓰였음.

解說(해설)

　본 절은 잔치 자리에서 음주와 가무를 즐기는 모습이다. 귀족들은 잔치할 때 당비파(우리나라의 거문고나 가야금)를 잡히고 이에 어울려 노래하면서 계속하여 술잔을 주고받았다. ≪論語(논어)≫ 陽貨(양화)편을 보면 "공자께서도 무성 지방에 가셨을 때 거문고에 맞춰서 부르는 노랫소리를 들으셨다(子之武城 聞絃歌之聲 자지무성 문현가지성)."라는 구절이 있다. 歌舞(가무), 飮酒(음주), 歡談(환담)은 잔치에서 빼놓을 수 없는 일이다.

108. 교수돈족 열예차강(矯手頓足 悅豫且康)

矯	手	頓	足	悅	豫	且	康
교정할 교	손 수	두드릴 돈	발 족	기쁠 열	기쁠 예	또 차	편안할 강
きょう	しゅ	とん	そく	えつ	よ	しょ	こう

☞교수돈족하니 열예차강이라
☞손을 굽혔다 펴고 발을 굴러 춤을 추니 기쁘고도 즐겁구나.

字義(자의)

矯　바로잡을 교. 들 교. 거짓 교. 핑계할 교. 굳셀 교. 청탁할 교.
手　손 수. 잡을 수. 칠 수.
頓　두드릴 돈. 꾸벅거릴 돈. 졸 돈. 무너질 돈. 배부를 돈. 무딜 둔. 조아릴 돈. 오랑캐 이름 돌.
足　발 족. 흡족할 족. 넉넉할 족. 산기슭 족. 더할 주. 아당할 주.
悅　기쁠 열. 즐거울 열. 복종할 열. 성 열.
豫　미리 예. 먼저 예. 기쁠 예. 참여할 예. 머뭇거릴 예. 놀 예. 괘 이름 예.
且　또 차. 그 위에 차. 바야흐로 차. 거의 차. 어조사 차. 공손할 저. 나아가지 않을 저.
康　편안할 강. 즐거울 강. 화할 강. 풍년 들 강. 헛될 강. 성 강.

句解(구해)

矯手(교수): 손을 높이 들어 올리다.
頓足(돈족): 발을 내렸다 올렸다 하다. 뛰고 춤추다.
悅豫(열예): 기뻐하고 즐거워한다.
且康(차강): 또한 편안하다.

解說(해설)

　　옛날에 가정에서 가장 중시되는 일이 **奉祭祀**(봉제사) 다음에 **接賓客**(접빈객)이었다. 봉제사는 제사를 모신다는 말이고 접빈객은 손님 접대를 잘하는 것을 일컫는다. 위의 장면은 빈객들과 술을 마시다가 흥에 겨우면 음악에 맞추어 춤을 추니 기쁘고 즐거우며 **康寧**(강녕)해진다는 말이다.
妾御績紡(첩어적방)에서부터 여기까지는 가정의 평화를 **謳歌**(구가)한 것이다.

矯　手　頓　足　悅　豫　且　康

일상 생활

109. 적후사속 제사증상(嫡後嗣續 祭祀蒸嘗)

嫡	後	嗣	續	祭	祀	蒸	嘗
정실 적	뒤 후	이을 사	이을 속	제사 제	제사 사	동제사 증	추제사 상
てき ちゃく	ご こう	し	ぞく	さい	し	じょう	しょう じょう

☞적후는 사속하고 제사는 증상이니
☞맏아들은 대를 이어 조상께 '증상' 제사를 지내니,

字義(자의)

嫡 정실 적. 큰마누라 적. 맏아들 적.
後 뒤 후. 아들 후. 뒤질 후. 시대가 지날 후.
嗣 이을 사. 자손 사. 익힐 사.
續 이을 속.
祭 제사 제. 성 채. 읍 이름 채.
祀 제사 사. 해 사.
蒸 제사 이름 증. 찔 증. 삼대 증. 무리 증. 많을 증. 홰 증. 섶 증. 烝(증)과 같음.
嘗 맛볼 상. 일찍 상. 시험할 상. 가을제사 상.

句解(구해)

嫡後(적후): 正室(정실) 부인이 낳은 아들(후손). 정식으로 예를 갖추어 맞은 아내가 낳은 아들을 嫡(적)이라 함.
嗣續(사속): 집안을 이어가고 계승한다. 대를 잇는다.
祭祀(제사): 조상 신령에게 음식과 마음으로 모시는 일. 祭(제)는 손에 고기를 들고 신에게 薦新(천신)하는 뜻으로, 음식을 갖추어 정성을 다한다는 말이다.
蒸嘗(증상): 증은 겨울에 지내는 제사, 상은 가을에 지내는 제사이다. 가을에 지내는 제사에는 새로 추수한 곡식을 올리며, 제사를 드리기 전에 먼저 먹지 않는다고 한다.

解說(해설)

　嫡子(적자)가 가계를 이어가며 조상을 제사하되 증과 상으로 한다는 말이다. ≪禮記(예기)≫ 王制篇(왕제편)에 이르기를 "천자와 제후의 廟祭(묘제)에 있어 봄의 제를 礿(약)이라 하고, 여름의 제를 禘(체)라 하며, 가을의 제를 嘗(상)이라 하고, 겨울의 제를 蒸(증)이라고 한다. 특히 가을의 제사에서는 새로 추수한 곡식을 올리며, 제사 드리기 전에 먹지 않는다."고 했다. 이는 천자나 제후의 경우를 말한 것이지만 薦新(천신)은 지금 우리나라에서도 행해지고 있다.

110. 계상재배 송구공황(稽顙再拜 悚懼恐惶)

稽	顙	再	拜	悚	懼	恐	惶
조아릴 계	이마 상	다시 재	절 배	두려울 송	두려울 구	두려울 공	두려울 황
けい	そう	さい	はい	しょう	く	きょう	こう

☞계상재배하되 송구공황하니라

☞이마를 땅에 대고 두 번 절하니 송구하고 황송한 마음이라.

字義(자의)

稽 조아릴 계. 머리 숙일 계, 꾸벅거릴 계. 상고할 계. 계교할 계. 의논할 계. 이를 계. 익살 부릴 계. 머무를 계.
顙 이마 상.
再 다시 재. 두 번 재. 거듭 재. 두 개 재.
拜 절 배. 절할 배. 굴복할 배. 예할 배. 벼슬 줄 배.
悚 두려울 송. 송구할 송.
懼 두려울 구. 조심할 구. 깜짝 놀랄 구. 瞿(구)와 같음.
恐 두려울 공. 염려할 공. 의심 낼 공. 겁낼 공. 으를 공. 아마 공.
惶 두려울 황. 혹할 황. 급할 황.

句解(구해)

稽顙再拜(계상재배): 이마를 땅에 대고 있다가 머리를 천천히 드는 절을 하는데 두 번 되풀이한다.
悚懼恐惶(송구공황): 송구스럽고 황공하다. 매우 두려워한다.

解說(해설)

　제사를 올리고 손님을 대접하는 것은 군자의 중요한 임무인데 여기서는 그 제사를 신중하게 모셔야 하는 것을 제시하고 있다. ≪禮記(예기)≫ 檀弓下(단궁하)에도 "머리를 땅에 대고 절하는 것은 哀戚(애척)의 극으로서 더할 수 없이 측은한 것이니, 稽顙(계상)이야말로 측은함의 자심한 바이다(拜稽顙 哀戚之至隱也 稽顙隱之甚也 배계상 애척지지은야 계상은지심야)."라는 구절이 있다.
再拜(재배)는 두 번 절하는 것이니 죽은 사람에 대한 절이다. 조상님의 忌日(기일)이 되면 제사를 올리되 마치 곁에 부모나 조상을 모신 것과 같이 정성을 다해서 공경하는 마음으로 올려야 하는 것이다.

稽　頼　再　拝　床　懼　恐　惶
けい　そう　さい　はい　しょう　く　きょう　こう

111. 전첩간요 고답심상(牋牒簡要 顧答審詳)

牋	牒	簡	要	顧	答	審	詳
글 전	편지 첩	대쪽 간	중요할 요	돌아볼 고	대답 답	살필 심	자세할 상
せん	ちょう	かん	よう	こ	とう	しん	しょう

☞전첩은 간요하고 고답은 심상하니라
☞편지는 간요해야 하고 안부를 묻거나 대답할 때에는 좌우를 살펴 상세히 해야 한다.

字義(자의)

牋 글 전. 표 전. 종이 전. 상소 전. 문체 이름 전. 箋(전)과 같음.
牒 편지 첩. 글씨판 첩. 족보 첩. 공문 첩. 첩지 첩. 임명할 첩.
簡 대쪽 간. 간략할 간. 분별할 간. 클 간. 쉬울 간. 정성 간. 편지 간. 가릴 간. 단출할 간. 죽간 간.
要 중요할 요. 구할 요. 살필 요. 허리 요. 하고자 할 요. 언약할 요. 반드시 요. 簡要(간요)는 간단히 요약한다는 말임.
顧 돌아볼 고. 돌보아 줄 고. 도리어 고.
答 대답 답. 갚을 답. 굵은 베 답.
審 살필 심. 알아낼 심. 심문할 심. 참으로 심. 과연 심. 깨달을 심.
詳 자세할 상. 다 상. 거짓 양.

句解(구해)

牋牒(전첩): 편지나 문서. 윗사람에게 올리는 서찰을 '牋(전)'이라 하고, 같은 또래끼리 주고받는 것을 '牒(첩)'이라고 한다.
簡要(간요): 간결하고 요령이 있다.
顧答(고답): 좌우를 돌아보며 신중하게 대답한다. 서로 안부를 묻는 것을 顧(고)라 하고, 회답하는 것을 答(답)이라 한다.
審詳(심상): 아주 자세하다. 아주 상세하다.

解說(해설)

　이 절은 손님이나 어르신을 대하는 법이 나와 있다. 남과 편지를 주고받을 때에는 번잡하지 않게 요점만 간략히 하며 윗사람에게 대답할 때에는 겸허한 태도로 좌우를 돌아보며 자세하게 해야 한다. '간요'와 '심상'은 서로 반대되는 의미의 對句(대구)이다. 편지할 때는 간단하게 요점을 추려서 쓰고, 대답할 때는 상세하게 해야 한다는 말이다. 남에게 또는 어르신에게 물을 때는 안부를 꼭 묻고, 대답할 때에는 상황이나 때의 좌우와 선후를 잘 살펴서 자세하게 대답하라는 것이다.

112. 해구상욕 집열원량(骸垢想浴 執熱願凉)

骸	垢	想	浴	執	熱	願	凉
몸뚱이 해	때 구	생각할 상	목욕할 욕	잡을 집	더울 열	바랄 원	서늘할 량
がい	こう く	そう	よく	しっ しゅう	ねつ	がん	りょう

☞해구에는 상욕하고 집열하면 원량하니라

☞몸에 때가 있으면 목욕할 것을 생각하게 되고, 뜨거운 것을 쥐면 서늘한 것을 찾게 되는 것이다.

字義(자의)

骸 뼈 해. 몸 해. 정강이뼈 해. 여기서는 몸뚱이를 가리키는 말임.
垢 때 구. 더러울 구. 때가 묻을 구. 부끄러울 구. 수치 구.
想 생각할 상. 생각 상. 희망할 상.
浴 미역 감을 욕. 목욕할 욕. 깨끗이 할 욕. 물 이름 욕.
執 잡을 집. 지킬 집. 막을 집. 벗 집.
熱 더울 열. 뜨거울 열. 흥분할 열. 쏠릴 열. 하고자 할 열. 정성 열. 바쁠 열. 태울 열.
願 바랄 원. 원할 원. 하고자 할 원. 바랄 원. 생각할 원. 빌 원.
凉 서늘할 량. 맑을 량. 얇을 량.

句解(구해)

骸垢(해구): 몸에 끼어 있는 때. 뼈는 사람 몸을 이루는 근본이 되므로, 몸뚱이를 통틀어 일컫는 말이다.
想浴(상욕): 목욕하고 싶어 하다.
執熱(집열): 뜨거운 것을 쥐다.
願凉(원량): 서늘한 것을 원하다.

解說(해설)

　　더러운 것을 버리고 깨끗한 것을 바라는 심정은 누구나 매한가지이다. ≪禮記(예기)≫ 內則(내칙)에 보면 "부모의 침이나 콧물 같은 더러운 것은 남에게 보이지 않고 닷새마다 물을 데워서 목욕시키고 사흘마다 몸을 닦아 드린다. 그 중간에라도 얼굴에 때가 묻었으면 물을 데워 닦기를 청하고, 발이 더러우면 역시 물을 데워다 드리고 닦기를 청한다."라고 나온다. 이 절은 반드시 효도와 연관 있는 것은 아니다. 사람들의 人之常情(인지상정)을 표현한 것으로 해석할 수도 있다.

113. 여라독특 해약초양(驢騾犢特　駭躍超驤)

驢	騾	犢	特	駭	躍	超	驤
나귀 려	노새 라	송아지 독	수소 특	놀랄 해	뛸 약	넘을 초	말 뛸 양
ろ	ら	とく	とく	がい	やく	ちょう	じょう

☞여라독특이 해약초양하니라
☞나귀와 노새, 송아지와 황소는 놀라서 날뛰며 훌쩍 뛰어넘어 달린다.

字義(자의)

驢 나귀 려. 가라말 려. 나란히 할 려. 검을 리. 산 이름 리.
騾 노새 라.
犢 송아지 독.
特 수소 특. 우뚝할 특. 유다를 특. 가장 특. 뛰어날 특. 수컷 특. 세 살 먹은 짐승 특. 여기서는 수소로 썼음.
駭 놀랄 해. 놀랠 해. 북 울릴 해.
躍 뛸 약.
超 넘을 초. 높을 초. 뛰어넘을 초.
驤 말 뛸 양. 들 양. 달릴 양. 날칠 양. 벼슬 이름 양.

句解(구해)

驢騾(여라): 나귀와 노새. 말(馬)로 해석해도 무방할 것이다. 《五雜書(오잡서)》 物部(물부)에 보면 "말을 가축으로 기른 것은 삼대 때에는 보지 못했던 일인데, 한나라 때에 이르러 비로소 생긴 것이다. 그러나 역시 중국에서 나는 동물은 아니며, 匈奴(흉노)들이 사는 지방의 말과 나귀가 交合(교합)해서 낳은 것을 지금 중국 북쪽 지방에서 기르니 이것을 노새라고 한다."고 씌어 있다.
犢特(독특): 송아지와 황소.
駭躍(해약): 놀라서 뛰다.
超驤(초양): 고개를 솟구쳐 위로 넘다. 분주히 뛰어오르고 발을 구르는 것.

解說(해설)

　　사람은 집에서 여러 가지 가축을 기르는데, 이런 가축 중에서도 소와 말 종류가 잘 번식해서 뛰고 노는 모습을 말한 것이 이 구절이다. 《禮記(예기)》 곡례에서는 "백성들이 잘살고 못사는 것을 물으면 가축의 數爻(수효)로써 이에 대답한다(問庶人之富 數畜以對 문서인지부 수축이대)."라고 하였다. 가축이 번성한다는 것은 그만큼 농민이 富(부)하고 통치자는 善政(선정)을 하고 있다는 증거이다.

문명의 길

114. 주참적도 포획반망(誅斬賊盜 捕獲叛亡)

誅	斬	賊	盜	捕	獲	叛	亡
벨 주	벨 참	도적 적	도적 도	잡을 포	얻을 획	배반할 반	도망할 망
ちゅう	ざん	ぞく	とう	ほ	かく	はん ほん	ぼう

☞주참적도하고 포획반망하니라
☞강도와 도적을 죽이고 베며, 배반한 자, 도망한 자는 포획해야 한다.

字義(자의)

誅 벨 주. 꾸지람 주. 벌줄 주. 갈길 주. 칠 주. 형벌 주.
斬 벨 참. 끊어질 참. 목 벨 참. 죽일 참. 상복에 도련 아니 할 참.
賊 도적 적. 해칠 적. 역적 적. 학대할 적.
盜 도적 도. 훔칠 도.
捕 잡을 포.
獲 얻을 획. 노비 획. 종 획. 실심할 확. 더럽힐 확.
叛 배반할 반. 달아날 반. 나뉠 반.
亡 없을 망. 도망할 망. 죽일 망. 없어질 망. 죽은 사람 망. 망할 망. 없을 무. 잃을 망.

句解(구해)

誅斬(주참): 죄 지은 자를 베어 죽이다. 誅戮(주륙)
賊盜(적도): 도적이나 도둑. 賊(적)은 아무 거리낌 없이 살인을 저지르는 자, 盜(도)는 남의 물건을 훔치고 앗아간 자를 말한다.
捕獲(포획): 포박. 잡아 묶음.
叛亡(반망): 謀反(모반)하여 도망치다. 叛逆(반역)하다 도망친 자. 叛(반)은 임금을 배반하고 스스로 왕위에 오르려고 하는 자, 亡(망)은 나쁜 일을 저지르고 달아난 자를 말한다.

解說(해설)

　도적과 반망은 모두가 나라의 치안을 해치는 자이다. 그러므로 賊盜(적도)는 마땅히 誅斬(주참)하고, 나라를 배반하고 도망한 자는 捕獲(포획)하여 베어 죽여야 한다는 것이다. 賊(적)과 盜(도)가 猖獗(창궐)하면 民心(민심)이 흉흉하고 나라가 위태롭게 된다. 법에 따라 죄를 물어야 한다. 이 구절은 이러한 범죄자에 대해 엄벌을 내려야 나라에 紀綱(기강)이 서고 국가를 이어갈 수 있다는 것을 밝혔다.

誅　斬　賊　盗　捕　虜　抜　亡

115. 포사료환 혜금완소(布射僚丸 嵇琴阮嘯)

布	射	僚	丸	嵇	琴	阮	嘯
베 포	쏠 사	벗 료	알 환	혜강 혜	거문고 금	성 완	휘파람 소
ふ/ほ	しゃ	りょう	がん	けい	きん	げん	しょう

☞포사료환과 혜금완소며

☞呂布(여포)의 활솜씨, 熊宜僚(웅의료)의 쇠구슬 던지기, 嵇康(혜강)의 거문고 연주, 阮籍(완적)의 휘파람은 모두가 볼만한 것이다.

字義(자의)

布 베 포. 벌릴 포. 펼 포. 돈 포. 베풀 포. 여기서는 呂布(여포)라는 사람의 이름으로 썼음.
射 쏠 사. 화살같이 빠를 사. 벼슬 이름 야. 싫을 역.
僚 벗 료. 동관 료. 어여쁠 료. 희롱할 료. 여기서는 熊宜遼(웅의료)라는 사람의 이름으로 썼음.
丸 알 환. 둥글 환. 총알 환. 구를 환.
嵇 나무이름 혜. 사람이름 혜. 성 혜. 嵇康(혜강)을 가리킨 말임.
琴 거문고 금.
阮 성 완. 나라 이름 완. 阮籍(완적)을 가리킨 말임.
嘯 휘파람 소. 부르짖을 소. 세게 뿜을 소. 읊을 소.

句解(구해)

布射(포사): 여포의 활 쏘는 솜씨.
僚丸(료환): 웅의료의 쇠구슬 던지기 재주.
嵇琴(혜금): 혜강의 탄금.
阮嘯(완소): 완적의 휘파람 불기.

解說(해설)

呂布(여포)의 射術(사술), 熊宜僚(웅의료)의 砲丸(포환) 던지기, 嵇康(혜강)의 彈琴(탄금), 阮籍(완적)의 휘파람은 기예에 해당한다. 여포는 창을 꽂아놓고 활로 쏘아 창의 작은 가지를 맞혀 劉備(유비)를 구했다. 웅의료는 세 개의 쇠구슬을 곤으로 받아 빙빙 돌리며 땅에 떨어뜨리지 않았다. 혜강은 거문고를 잘 탔다 그의 '광릉산' 탄주는 슬프디 슬펐다. 완적은 휘파람을 잘 불었고 마음에 내키지 않는 사람을 보면 눈을 흘겨서 보았다. 技藝(기예)가 뛰어난 사람들에 대하여 말하고 있으니, 기예는 인간의 삶에 유익하고 더불어 기예가 출중하면 후세에 이름을 남긴다는 점을 나타낸다.

116. 염필륜지 균교임조(恬筆倫紙 鈞巧任釣)

恬	筆	倫	紙	鈞	巧	任	釣
편안할 념	붓 필	인륜 륜	종이 지	서른근 균	교묘할 교	맡길 임	낚시 조
てん	ひつ	りん	し	きん	こう	にん	ちょう

☞염필륜지와 균교임조라
☞蒙拈(몽염)의 붓, 蔡倫(채륜)의 종이, 마균의 교묘한 指南車(지남차) 任公子(임공자)의 낚싯대 같은 것들은,

字義(자의)

恬 편안할 념. 고요할 념. 태평한 모양 념. 여기서는 蒙恬(몽념)을 가리킨 말임.
筆 붓 필. 쓸 필. 오랑캐 이름 필.
倫 인륜 륜. 무리 륜. 의리 륜. 떳떳할 륜. 여기서는 蔡倫(채륜)을 가리킨 말임.
紙 종이 지. 편지 지.
鈞 서른 근 균. 천지 균. 풍류 이름 균. 높임말 균. 여기서는 馬鈞(마균)을 가리킨 말임.
巧 교묘할 교. 훌륭한 솜씨 교. 거짓말 꾸밀 교. 재능 교. 공교할 교. 어여쁠 교.
任 맡길 임. 아이 밸 임. 마음대로 임. 맡아서 책임질 임. 보증할 임. 임소 임. 여기서는 壬公子(임공자)를 가리킨 말임.
釣 낚시 조. 낚을 조. 구할 조.

句解(구해)

恬筆(염필): 몽념이 만든 붓. 秦(진)나라 蒙恬(몽념)은 토끼털로 붓을 매고 소나무 그을음으로 먹을 만들었다고 함.
倫紙(윤지): 채륜이 만든 종이. 後漢(후한)의 환관 蔡倫(채륜)은 나무껍질, 삼 줄기, 끝 해진 베, 물고기 그물 등으로 종이를 만들었다고 함. 지금은 중국의 전통 종이를 만드는 마을에 '채륜의 샘'이 있으며 그 마을 사람들과 중국인들은 채륜을 신으로 모시고 있음.
鈞巧(균교): 魏(위)나라 馬鈞(마균)이 만든 지남차의 공교함. 지남차는 수레 위에 신선 형상으로 된 목상을 얹고 그 손의 손가락이 늘 남쪽을 가리키게 만든 수레로 고대 중국에서 나침반으로 쓰였다고 한다.
任釣(임조): 戰國時代(전국시대) 壬公子(임공자)가 만든 낚싯대. 임나라 공자는 1백 균의 갈고리를 만들어 낚시를 드리워 큰 고기를 낚았다. ≪장자≫에 허황된 내용으로 자세히 나온다.

解說(해설)

   중국의 문화는 인류 문명의 발상지답게 자연과학이건 인문과학이건 뛰어난 것이 수두룩하다. 21세기 들어 저력을 발휘하고 있는데 역시 그 근본 바탕이 정교하고 탄탄하기 때문에 요즘 중국이 크게 성장하고 있는 것이다. 문명을 이룩하는 데 필수 요소인 붓,

종이, 지남차, 화약 등이 일찍이 중국에서 만들어진 일을 떠올리면 쉽게 이해가 될 것이다. 이 구절에서는 一技(일기)에 능한 사람이 이 세상을 유익하게 하고 문명과 문화의 발전을 촉진한다는 점이 강조되고 있다. 그리고 문명을 연 사람들은 이름이 천년에 걸쳐 전해진다는 점도 나타낸다.

117. 석분이속 병개가묘(釋紛利俗 竝皆佳妙)

釋	紛	利	俗	竝	皆	佳	妙
풀 석	어지러울 분	이로울 리	세상 속	아우를 병	다 개	아름다울 가	묘할 묘
しゃく せき	ふん	り	ぞく	へい	かい	か	みょう

☞석분이속하니 병개가묘니라

☞얽힌 것을 풀어 세상을 이롭게 하니 모두 다 아름답고 묘한 것들이었다.

字義(자의)

釋 풀 석. 놓을 석. 주낼 석. 내놓을 석. 돌 석. 풀릴 석. 부처 이름 석.
紛 어지러울 분. 번잡할 분. 많을 분.
利 이로울 리. 좋을 리. 날카로울 리. 날랠 리. 탐할 리. 편리할 리. 이자 리. 힘 리. 승전 리.
俗 세상 속. 풍속 속. 속인 속. 익을 속. 평범할 속.
竝 아우를 병. 견줄 병. 함께 병. 나란히 할 병. 並(병)과 같음.
皆 다 개. 한 가지 개. 같을 개. 두루 미칠 개.
佳 아름다울 가. 기릴 가. 착할 개. 좋아할 개. 좋을 가.
妙 묘할 묘. 신비할 묘. 정미할 묘. 예쁠 묘. 간들거릴 묘. 젊을 묘.

句解(구해)

釋紛(석분): 어지러운 것을 풀어 버리다.
利俗(이속): 속세의 사람들을 이롭게 하다.
佳妙(가묘): 모두 아름다움. '佳(가)'는 훤칠한 키에 건장한 몸매를 한 '남성미'를 가리키고, '妙(묘)'는 꽃처럼 부드럽고 아리따운 '여성미'를 가리킨다.
竝皆佳妙(병개가묘): 아울러 모두가 다 아름답고 神妙(신묘)하다.

解說(해설)

　어지러운 일을 해결하여 세인들을 편리하게 했으니 이 모두 다 아름답고 묘한 자들이다. 呂布(여포)의 射術(사술), 熊宜僚(웅의료)의 弄丸(농환) 등은 적을 물리치는 데도 유용했다. 嵇康(혜강)의 彈琴(탄금), 阮籍(완적)의 휘파람은 극에 달한 기예였고 사람의 근심을 풀어주고 마음을 기쁘게 만드는 예술이다. 또 蒙恬(몽념)은 처음으로 붓을, 蔡倫(채륜)은 처음으로 종이를 만들고 마균은 교묘한 指南車(지남차)를 만들었고 任公子(임공자)는 낚시를 잘했다는 점은 모두 세상 사람들을 편리하게 한 재주이다.

세월과 수양

118. 모시숙자 공빈연소(毛施淑姿 工嚬姸笑)

毛	施	淑	姿	工	嚬	姸	笑
터럭 모	베풀 시	맑을 숙	맵시 자	바치 공	찡그릴 빈	고울 연	웃을 소
もう	し	しゅく	し	こう く	ひん	けん	しょう

☞모시숙자는 공빈연소이니라
☞毛嬙(모장)과 西施(서시)는 자태가 아름다워 공교하게 찡그리고 곱게 웃었다.

字義(자의)

毛 터럭 모. 털 모. 나이차례 모. 반쯤 셀 모. 풀 모. 퇴할 모. 떼 모. 여기서는 毛嬙(모장)을 가리킨 말임.
施 베풀 시. 쓸 시. 안팎곱사등이 시. 벙글거릴 시. 줄 시. 비뚤어질 이. 옮길 이. 여기서는 西施(서시)를 가리킨 말임.
淑 맑을 숙. 화할 숙. 착할 숙. 사모할 숙.
姿 맵시 자. 태도 자. 성품 자. 풍치 자. 모양낼 자.
工 바치 공. 장인 공. 공장이 공. 공교할 공. 벼슬 공. 만들 공. 교묘할 공.
嚬 찡그릴 빈. 흉내 낼 빈. 눈살 찌푸릴 빈.
姸 고울 연. 사랑스러울 연. 총명할 연. 갈 연.
笑 웃을 소. 웃음 소.

句解(구해)

毛施(모시): 毛嬙(모장)과 西施(서시). 모장은 越王(월왕) 句踐(구천)이 사랑하던 여인이라고 한다. 서시는 句踐(구천)이 吳王(오왕) 夫差(부차)에게 바쳐서 부차를 기울게 만들었던 그 여인이라고 한다.
淑姿(숙자): 정숙한 자태. 생김새가 아름답다.
工嚬(공빈): 唐(당)나라 사람 呂向(여향)의 '巧笑工嚬(교소공빈)'에서 나온 말로 눈살을 찌푸리게 하는 것, 눈살을 찌푸리는 것을 뜻한다.

解說(해설)

　毛嬙(모장)과 西施(서시)는 찡그리는 모습도 예쁘고 웃는 모습은 말할 나위 없이 고왔다. 越王(월왕) 句踐(구천)이 사랑했던 毛嬙(모장)과 또 월나라 여인 西施(서시)는 절세미인으로서 찡그리는 모습조차 아름다워 흉내 낼 수 없었거늘 하물며 그 웃는 얼굴이야 얼마나 아름다웠으랴.

119. 연시매최 희휘랑요(年矢每催 羲暉朗耀)

年	矢	每	催	羲	暉	朗	耀
해 년	화살 시	매양 매	재촉할 최	아침 희	햇빛 휘	밝을 랑	빛날 요
ねん	し	まい	さい	ぎ/き	き	ろう	よう

☞연시매최건만 희휘낭요라
☞세월은 화살과 같아 매양 재촉하는데, 아침 햇살은 언제나 밝고 빛나는구나.

字義(자의)

年 해 년. 나이 년. 나아갈 년. 세월 년.
矢 화살 시. 곧을 시. 베풀 시. 똥 시. 맹세할 시.
每 매양 매. 늘 매, 일상 매. 여러 번 매. 풀더불룩할 매. 탐낼 매.
催 재촉할 최. 핍박할 최. 일어날 최.
羲 햇빛 희. 복희 희. 기운 희. 벼슬 이름 희. 여기서는 아침이라는 말임.
暉 햇빛 휘. 빛 휘. 빛날 휘.
朗 밝을 랑.
耀 빛날 요.

句解(구해)

年矢(연시): 세월이 화살처럼 빠르다.
每催(매최): 항상 재촉한다.
羲暉(희휘): 햇빛이 빛난다. 희화는 요순시대 책력을 주관하던 관직이므로 희휘라고 한 것이니 햇빛이 밝게 비추어 운행하며 쉬지 않음을 말한 것이다.
朗耀(낭요): 밝게 빛난다.

解說(해설)

　　세월은 화살같이 빨리 흘러가는데 일월은 변함없이 밝게 비치기만 한다는 내용이다. 앞뒤가 맞게 배치하려면 "희휘낭요 연시매최"로 할 것이나, 韻(운)을 맞추려고 그 배열을 뒤바꾼 것이다. 위의 "모시숙자 공빈연소"를 받아, 비록 妙齡(묘령)의 美人(미인)이라 해도 흐르는 세월 앞에서는 별 수 없이 노쇠한다는 것을 경계한 말이다. 미인이란 세월이 지나면 아무것도 아니니 군자는 여색을 멀리해야 한다는 의미로 해석하기도 한다. "희휘낭요"는 "연시매최"와 對照(대조)가 된다. 밝은 햇살과 맑은 하늘은 매양 있는 듯하나 세월은 화살처럼 빠르니 일생을 충실하게 살도록 마음먹어야 한다는 말이다.

120. 선기현알 회백환조(璇璣懸斡 晦魄環照)

璇	璣	懸	斡	晦	魄	環	照
옥이름 선	선기 기	매달 현	돌 알	그믐 회	어두울 백	둥글 환	비칠 조
せん	き	けん	あつ かん	かい	はく	かん	しょう

☞선기현알하야 회백환조하니라

☞璇璣玉衡(선기옥형)은 굴대에 매달려 돌고 그믐이 되면 달은 빛을 잃었다가 다시 둥그렇게 되어 순환하면서 비친다.

字義(자의)

璇 옥 이름 선. 별 이름 선. 璿(선)과 같음.
璣 선기 기. 선기는 혼천의의 원형. 잔구슬 기. 별 이름 기.
懸 매달 현. 매달릴 현. 멀 현. 현격할 현.
斡 돌 알. 구를 간. 옮길 간. 주장할 간. 자루 간.
晦 그믐 회. 어두울 회. 어둠 회. 늦을 회. 안개 회. 얼마 못 될 회.
魄 어두울 백. 넋 백. 달 백. 넋 잃을 탁. 달빛 백. 여기서는 달의 빛 없는 모습을 말함.
環 고리 환. 도리옥 환. 두를 환. 둘레 환. 옥 환.
照 비칠 조. 빛날 조. 비교할 조.

句解(구해)

璇璣(선기): 북두칠성 가운데 첫 번째 별에서 네 번째 별까지. 곧 국자 모양에서 자루 부분에 해당하는 네 별을 가리키는 말. 여기서는 천문관측을 위하여 만든 천체 모양을 말함. 옥으로 꾸몄으므로 '璇璣玉衡(선기옥형)'이라고도 부르는데, 후한 때 張衡(장형)이 더 고쳐 만든 것이 '渾天儀(혼천의)'이다.
懸斡(현알): 매달려 빙빙 돌다.
晦魄(회백): 그믐에 달이 빛을 잃고 어둡다.
環照(환조): 순환하면서 비친다.

解說(해설)

아름다운 구슬로 만든 渾天儀(혼천의: 선기옥형)는 굴대에 매달려 돌고 있는데 세월은 쉬지 않고 흘러 그믐에 달은 빛을 잃었다가 다시 둥그렇게 되어 순환하면서 비친다. 美玉(미옥)으로 장식되어 공중에서 돌고 있는 선기는 천체가 회전하는 것을 말하고 '회백'은

달이 찼다 기울었다 하는 것이다. 곧 세월은 쉬지 않고 흐르며, 그믐달은 순환한다는 말이다.

121. 지신수우 영수길소(指薪修祐 永綏吉卲)

指	薪	修	祐	永	綏	吉	卲
손가락 지	장작 신	닦을 수	복 우	길 영	편안할 수	길할 길	높을 소
し	しん	しゅう	ゆう	えい	すい	きっ きち	しょう

☞지신수우하야 영수길소하니라

☞섶이 궁진한 이치를 헤아려 열심히 복을 닦아야, 불씨가 이어가듯 오래도록 편안하여 상서로움이 높아지리라.

字義(자의)

指 손가락 지. 발가락 지. 가리킬 지. 뜻 지. 아름다울 지. 벼슬 이름 지. 개념 지.
薪 장작 신. 섶 신. 땔나무 신. 나무할 신. 월급 신. 풀 신.
修 닦을 수. 옳게 할 수. 정리할 수. 꾸밀 수. 엮을 수. 다스릴 수. 키 높이 수. 어진이 수.
祐 복 우. 도울 우. 다행할 우.
永 길 영. 오랠 영. 멀 영.
綏 편안할 수(유). 물러갈 수. 편안할 유. 깃발 늘어질 유. 기드림 유.
吉 길할 길. 즐거울 길. 초하룻날 길. 착한 길.
卲 높을 소. 성 소.

句解(구해)

指薪(지신): ≪莊子(장자)≫ 養生主(양생주)에 "섶은 궁진하지만 산에서 취하여 보충하면 불꽃은 나무에 붙어서 계속 타서 그 끝나는 것을 알지 못한다(指窮於爲薪 火傳也 不知其盡也 지궁어위신 화전야 부지기진야)."라는 구절에 이 말이 나오는데 이 말은 불꽃이 계속 이어지듯 인간이 닦아 놓은 복은 무궁함을 비유한 것이다. 섶은 궁진하다는 말이 지신이다. 섶은 곧 다 타 버린다는 말이니 인간의 삶이란 유한하다는 말인 듯하다.
修祐(수우): 하늘이 내리는 복록을 닦는다. 복을 받아 행복을 누린다.
永綏(영수): 길이 편안하다. '영유'라고 읽기도 한다.
吉卲(길소): 복을 받고 힘써 살다. 복을 받고 행실이 선량하다.

解說(해설)

　섶이 불타 금세 사라지는 이치를 생각하여 자신의 섶이 다 타기 전에 복을 닦으면, 그 복은 자신이 죽는다고 끊어지는 것이 아니고, 후손들이 복을 받아 길이 평안하고 행실이 착하게 될 것이다. 선을 쌓아 복을 닦는 것은 나무 섶을 가리켜 비유할 수 있으니, 나무 섶은 없어져도 불씨는 영원한 것과 같다.

122. 구보인령 부앙랑묘(矩步引領 俯仰廊廟)

矩	步	引	領	俯	仰	廊	廟
법 구	걸음 보	이끌 인	옷깃 령	구부릴 부	우러러볼 앙	행랑 랑	사당 묘
く	ほ/ぶ	いん	りょう	ふ	ぎょう	ろう	びょう

☞구보인령하고 부앙낭묘하며

☞자로 잰 듯 법도대로 걷고 옷깃은 얌전하게 여미고, 朝廷(조정)에서는 깊이 생각하여 일을 처리해야 한다.

字義(자의)

矩 법 구. 곡척(곱자) 구. 모질 구. 거동 구. 네모 구.
步 걸음 보. 다닐 보. 두발자취 보. 하나 보. 독보 보. 운수 보. 머리 치장할 보. 천자의 자리 보.
引 이끌 인. 인도할 인. 활당길 인. 기운 들여 마실 인. 열길 인. 노래곡조 인.
領 옷깃 령. 고개 령. 다스릴 령. 거느릴 령. 종요로울 령. 차지할 령. 받을 령.
俯 구부릴 부. 머리 숙일 부. 굽을 부. 숨을 부.
仰 우러러볼 앙. 쳐다볼 앙. 사모할 앙. 임금의 분부 앙. 믿을 앙. 부탁할 앙. 마실 앙.
廊 행랑 랑. 곁채 랑. 묘당 랑.
廟 사당 묘. 묘당 묘. 대청 묘.

句解(구해)

矩步(구보): 자로 잰 듯 법도에 딱 들어맞는 걸음걸이.
引領(인령): 옷깃을 얌전하게 여미는 일.
俯仰(부앙): 深思熟考(심사숙고)하는 동작. 俯(부)는 고개를 숙여 아래를 내려다보는 것이고 仰(앙)은 고개를 쳐드는 것이므로 부앙은 고개를 숙이기도 하고 쳐들기도 하는 동작을 말함.
廊廟(낭묘): '廊(낭)'은 대궐의 大殿(대전) 둘레에 딸린 여러 전각들을 말하고, '廟(묘)'는 先王(선왕)들의 초상을 모셔 놓은 사당을 뜻하니, 곧 '朝庭(조정)'을 가리키는 말임.

解說(해설)

　"구보인령"은 걸음걸이에 대해서 말한 것이고, "부앙낭묘"는 조정에서의 자세와 태도를 말한 것이다. 걸을 때에는 옷깃을 여미고, 낭묘(廊廟)에서는 고개를 숙이거나 쳐드는 등의 일거일동에 있어서 예의를 지키며 심사숙고해야 한다.

矩　步　引　領　俯　仰　廊　廟

123. 속대긍장 배회첨조(束帶矜莊 徘徊瞻眺)

束	帶	矜	莊	徘	徊	瞻	眺
묶을 속	띠 대	자랑할 긍	씩씩할 장	어정거릴 배	어정거릴 회	볼 첨	바라볼 조
そく	たい	きょう きん	そう	はい	かい	せん	ちょう

☞속대긍장하고 배회첨조하니라

☞의관을 정제하여 몸가짐을 떳떳하게 하고 이리저리 배회하니 사람들이 우러러본다.

字義(자의)

束 묶을 속. 동일 속. 얽을 속. 단나무 속. 언약할 속. 비단 다섯 끗 속. 잡도리할 속.
帶 띠 대. 찰 대. 근처 대. 데릴 대. 쪽 대. 풀이름 대. 가질 대.
矜 자랑할 긍. 공경할 긍. 민망할 긍. 높일 긍. 불쌍할 긍. 꾸밀 긍. 교만할 긍. 창자루 긍. 아낄 긍.
莊 씩씩할 장. 단정할 장. 엄할 장. 농막(별장) 장. 농가 장.
徘 어정거릴 배. 배회할 배.
徊 어정거릴 회. 배회할 회.
瞻 볼 첨. 우러러볼 첨.
眺 바라볼 조. 멀리 볼 조.

句解(구해)

束帶(속대): 관을 쓰고 띠를 띠다.
矜莊(긍장): 엄숙하고 장엄하게 행동한다.
徘徊(배회): 천천히 이리저리 왔다 갔다 하는 것. 여유 있게 걸어서 왕래함.
瞻眺(첨조): 우러러 바라보다.

解說(해설)

　허리띠를 단정하게 묶고 엄숙하게 옷을 꾸민 다음에 골똘히 생각하며 둘러보니 사람들이 우러러본다는 말이다. 옷차림새를 단정히 하고 중후한 모습으로 걸어야 군자답다는 말이다. 신하 된 자는 더하다. 조정에 들어갈 때는 의관을 정제하고 위의를 갖추어 공경하는 마음이 저절로 생기게 행동해야 한다. 아무리 그 인품이 고결하더라도 복장과 태도가 정제되지 못한 사람은 남의 존경을 받기 힘들다. 옷이나 걸음걸이나 겉모습은 때때로 사람을 판단하는 잣대가 된다.

束　帶　矜　莊　徘　徊　瞻　眺

124. 고루과문 우몽등초(孤陋寡聞 愚蒙等誚)

孤	陋	寡	聞	愚	蒙	等	誚
외로울 고	더러울 루	적을 과	들을 문	우둔할 우	어릴 몽	견줄 등	꾸짖을 초
こ	ろう	か	ぶん	ぐ	もう	とう	しょう

☞고루과문하야 우몽을 등초하나

☞홀로 배워서 보고 듣는 것도 적으니, 내 비록 어리석고 아둔해서 꾸짖음을 들을 만하나,

字義(자의)

孤 외로울 고. 홀로 고. 고아(아비 없을) 고. 우뚝할 고. 나 고. 벼슬 이름 고.

陋 좁을 루. 추할 루. 더러울 루. 고루할 루. 좁을 루.

寡 적을 과. 드물 과. 홀어미(과부) 과. 나 과.

聞 들을 문. 들릴 문. 이름날 문. 소문 문.

愚 어리석을 우. 고지식할 우. 어두울 우. 우둔할 우. 업신여길 우. 나 우.

蒙 어릴 몽. 몽매할 몽. 속일 몽. 덮을 몽. 무릅쓸 몽. 입을 몽. 쓸 몽. 나라 이름 몽.

等 같을 등. 무리 등. 견줄 등. 가지런할 등. 기다릴 등. 등급 등.

誚 꾸짖을 초. 나무랄 초.

句解(구해)

孤陋(고루): 외롭고 陋醜(누추)하다. 고독하고 鄙陋(비루)하다. 뚜렷한 스승도 없고 '절차탁마'할 동무들도 없이 혼자 하는 窮究(궁구). 곧 '독학자'를 가리키는 말이다.

寡聞(과문): 견문이 적다. 淺見寡聞(천견과문)과 비슷한 뜻이다.

愚蒙(우몽): 어리석고 無知蒙昧(무지몽매)하다. 愚昧(우매)하다.

等誚(등초): 꾸지람을 받다.

解說(해설)

외롭고 固陋(고루)하며 견문이 적으며, 蒙昧(몽매)한 자와 같으면 남에게 꾸지람을 듣는다. 사람이 배울 때 자기 홀로 이룬 鄙陋(비루)한 지식과 見聞(견문)으로는 무지하다는 비방을 면치 못할 것이다. 자기만의 좁은 지식을 떠나서 허심, 겸허하게 남의 의견을 듣고 나아가 하늘의 소리까지도 들을 줄 알아야 하며, 항상 상대방에게 배운다는 자세가 필요하다.

천자문을 지은 주흥사는 자신이 고루 과문하여 우몽 등초하는 못난 존재라고 겸손하게 말하는 것으로 해석할 수도 있다.

125. 위어조자 언재호야(謂語助者 焉哉乎也)

謂	語	助	者	焉	哉	乎	也
이를 위	말씀 어	도을 조	놈 자	어조사 언	어조사 재	어조사 호	잇기 야
い	ご	じょ	しゃ	えん	さい	こ	や

☞위어조자는 언재호야니라
☞문장의 토씨라고 일컫는 焉(언), 哉(재), 乎(호), 也(야)의 구실쯤은 내 천자문이 할 것이다.

字義(자의)

謂 이를 위. 일컬을 위. 고할 위.
語 말씀 어. 말할 어. 말 어. 소리 어.
助 도울 조. 자뢰할 조. 구실 조. 유익할 조.
者 놈 자. 곳 자. 것 자. 어조사 자. 이 자.
焉 어조사 언. 어찌 언. 어디 언. 이에 언.
哉 어조사 재. 비로소 재. 그런가 재.
乎 어조사 호. ~가 호. 그런가 호. ~에 호. 아 호.
也 잇기 야. 어조사 야. 이를 야. ~라 야.

句解(구해)

謂語助者(위어조자): 語助(어조)라고 일컫는 글자에는 焉(언), 哉(재), 乎(호), 也(야) 등이 있다. 어조란 말의 뜻을 돕는다는 말이다.
焉哉乎也(언재호야): 語助辭(어조사)에 해당하는 말로 焉(언), 哉(재), 乎(호), 也(야) 등이 있다.

解說(해설)

  말의 뜻을 도와 말을 만드는데 쓰이는, 語助(어조)라고 일컫는 글자에는 焉(언), 哉(재), 乎(호), 也(야) 등이 있다. 어조사는 실질적인 뜻은 없고 다만 다른 글자의 보조로만 쓰이는 것이다. 그러나 글귀를 성립시키고 말을 만들어 나가는 데 없어서는 아니 되는 글자들이 곧 언, 재, 호, 야 등의 글자인 것이다.
  본 절은 이 글의 끝으로, 문장의 끝에 쓰는 말인 焉(언), 哉(재), 乎(호), 也(야)의 네 글자로 그 결말을 지었다.

謂 語 助 者 焉 哉 乎 也

저자 약력 ──

조인경
광주대학교 일본어학과 졸업
현) 서울 M고등학교 일본어 교사

조기형
서강대학교 국어국문학과 졸업
현) 한문교사

『고사명언화전 600』
『한자능력 검정시험 한 방에 3,500』
『한자성어 10,000어 사전』

일본어 발음과 함께 한 달 만에 끝내는

천자문

초 판 인 쇄 | 2010년 11월 29일
초 판 발 행 | 2010년 11월 29일

엮 은 이 | 조인경, 조기형
펴 낸 이 | 채종준
펴 낸 곳 | 한국학술정보㈜
주　　소 | 경기도 파주시 교하읍 문발리 파주출판문화정보산업단지 513-5
전　　화 | 031) 908-3181(대표)
팩　　스 | 031) 908-3189
홈 페 이 지 | http://ebook.kstudy.com
E-mail | 출판사업부　publish@kstudy.com
등　　록 | 제일산-115호(2000. 6. 19)

ISBN　　978-89-268-1697-4 13150 (Paper Book)
　　　　978-89-268-1698-1 18150 (e-Book)

이담 Books 는 한국학술정보㈜의 지식실용서 브랜드입니다.